흐르다 멈춘 길목에서

호린 이도신의 삶과 신앙의 여정

흐르다 멈춘 길목에서

초판1쇄 발행 2025년 6월 25일
지은이 이도신
펴낸이 이희숙
펴낸곳 느림
등록번호 2014년 1월 24일 제2014-000001호
주소 경기도 군포시 번영로587번안길 88. 202호
전화 031-395-5465
팩스 031 - 8057 - 6295
이메일 pleden@naver.com
홈페이지 http://blog.naver.com/pleden

ISBN 979-11-978544-4-6

*이 책의 판권은 지은이와 느림에 있습니다.
*파본은 구입처에서 바꿔드립니다.

흐르다 멈춘
　　　　길목에서

호린 이도신의 삶과 신앙의 여정

느림

| 시를 찾아가는 길 |

시가 뭔지도 모르던 때

중학교 신입생 새내기 시절

고등학교 신입생 인탁 형과 기숙사 같은 방을 쓰면서

어깨너머로 시상, 시어, 일기, 메모하는 습관을 익혔다.

다양한 종류의 아르바이트를 하면서

인생의 이 골목, 저 골목을 헤매다가

뜻하지 않게 영문학을 전공하게 되었다.

전공이라 하지만 사실 문학동네에 들어 가 보지도 못하고

근방을 맴돌았다고 하는 게 옳다.

외국인 회사에 입사하여 생활 전선에

뛰어들게 되고, 십여 년을 근무했다.

미국이민이라는 새로운 도전을 하게 되고,

미 국방성 산하 DLI 학교에서 학생들을 가르치게 되면서

글을 다시 쓸 여유를 갖게 되었다.

삶의 우여곡절이 집어삼키려 할 때마다

숨통을 터준 습작들을 보면,

당시의 고난의 가혹한 순간이 회상되기도 하지만

여전히 글쓰기 낭만을 품고 있었음을 확인하게 된다.

그동안의 삶이 살아 숨 쉬는 글들을 하나하나 되살려

여기에 모아 내놓는다.

2025년 여름 이도신

발간에 부쳐

Page for your book
-by your daughter, Pauline

Growing up, I noticed that my father was different things
to different people.
At church, he was 이장로님.
At his office, he was 사장님.
At home, to my mother, he was mostly 여보,
and on occasion 자기야.
And to my brother, he was Dad and 아빠, of course.
And to many others he was [translate to Korean please:
eldest brother, brother-in-law, son-in-law, uncle, son, friend].
My father holds so many roles and titles,
but to me-he is everything.
He is my hero, my role model.
He's the biggest cheerleader, supporting me in everything I do.
He gives me the confidence to pursue my dreams.
He is a wise giver of advice and a shoulder to lean
on during hard times.
Without him, I would be nothing.
I love you.

To my father

I often think of the courage and conviction my father needed to come from where he started to where he is now. To leave the small village of his childhood – now under many meters of water due to the construction of a nearby dam – to go to college in Seoul and become a successful professional. To move to California, leaving behind a language, people, and job he knew well for a land he could have never known would truly accept him or allow him to prosper. To raise us, his children, knowing that we would grow up as Americans, knowing that we would express our love and appreciation for him in broken Korean but to believe that this is where we could be most successful. And finally, somehow both improbably and inevitably, together with my mother to deliver on their intentions and provide us with every opportunity we needed to succeed.

I understand fundamentally that this conviction stemmed from his belief in God. I saw my parents' faith evolve, but never waver – it is the constant that is the center of their spiritual life and community to this day. Their faith gave to them so much, and so I was in turn blessed. The story of my family can now never be told without God because of the devoted life my parents have led.

As I raise two young sons of my own, I feel ever more connected to my father's journey. I owe everything to him, from my career to the features on the faces of me and my children. It would be my honor to love and provide for them with the fearlessness, decisiveness, and diligence inspired by their grandfather.

-Michael Lee, MD

아버지께

저는 종종 아버지께서 어디서 시작하셨는지, 그리고 지금의 자리에 이르기까지 얼마나 큰 용기와 신념이 필요하셨는지를 생각합니다. 어린 시절의 시골 작은 마을을 떠나셨지요. 그 마을은 이제 남강댐 건설로 수미터 물속에 잠겨버렸습니다. 아버지께서는 서울에서 대학을 다니시고, 성공적인 직업인이 되기 위해 한 걸음씩 나아가셨습니다. 그리고 결국, 모든 것을 뒤로한 채 아무것도 모르던 땅, 캘리포니아로 이민을 오셨습니다. 그곳이 과연 아버지를 받아줄지, 번영할 수 있는 곳이 될지조차 확신할 수 없던 그때 말입니다.

아버지는 우리가 미국에서 자라날 것을 알고 계셨고, 우리가 부모에게 감사와 사랑을 표현할 때 서툰 한국말을 쓸지라도, 그것이 우리에게 가장 성공적인 길이 될 것이라 믿으셨습니다. 그 믿음 아래 우리를 키우셨고, 마침내 어머니와 함께 우리의 미래를 위한 기회를 아낌없이 마련해 주셨습니다. 불확실했지만, 동시에 필연적인 길이었음을 이제야 더 깊이 이해합니다.

저는 아버지의 이러한 신념이 하나님에 대한 깊은 믿음에서 비롯되었음을 진심으로 이해합니다. 부모님의 신앙은 시간이 지나도 결코, 흔들리지 않았고, 언제나 두 분의 삶과 공동체의 중심에 있었습니다. 그 믿음은 두 분에게 많은 것을 주었고, 저 역시 그 덕분에 수많은 축복을 받았습니다. 이제 제 가족 이야기도, 하나님 없이는 결코 설명할 수 없는 이야기입니다. 그것은 부모님이 헌신적으로 살아오신 삶의 열매이기 때문입니다.

이제 두 아들을 키우며 저는 아버지의 여정과 더욱 깊이 연결되어 있음을 느낍니다. 제 커리어, 그리고 제 아이들의 얼굴에 새겨진 모습들까지, 모든 것이 아버지로부터 받은 선물입니다. 아버지께서 보여주신 두려움 없고, 결단력 있으며, 근면한 사랑과 헌신으로 저 역시 아이들을 무한히 사랑하고, 그들의 필요를 채워주는 것이 제 삶의 영광이 될 것입니다.

- 마이클 리, 의사(MD)

| 차례 |

제 1 부
사랑으로 기도하는 삶을 위해

두 바퀴를 도는 시계 19 / 당신은 이 시간에 20

인기척 21 / 단짝 22

마사지 침대와 의자 23 / 쑥 24

싱크대 25 / 마른 나뭇가지 26

곶감 27 / 품에서 28

노을이 왜 아름다울까 29 / 손녀의 울음 30

봄 32 / 갈비찜 특제 소스 33

액자 34 / 딸이 뉴욕에 35

와이프 혹 36 / 아버지 37

엄마 38 / 사랑하는 아들딸에게 39

님 42 / 나의 꽃, 나리 44

딸 48 / 아들 50

성탄의 날 52 / 성탄의 밤 54

제 2 부
나의 꿈은 세상에 있지 않아서

유리알 삶 59 / 플래시 라이트 60

당신은 누구시기에 61 / 크게 한턱 쏘고 싶은데요 62

왜 어렵게 사니 63 / 나의 부음을 듣고 64

판데로사 낭만 65 / 마음의 외투를 벗고 66

혼자예요? 67 / 돗단배 68

벚꽃이 찾아와 앉는다 69 / 저울 70

오늘도 걷는다 71 / 인생길에서 행복 72

낙타 73 / 늙다리 74

나의 애마 76 / 아침 그림자 77

들국화 78 / 나이와 사진 79

사랑의 꽃망울이 터지려 해 80 / 아빠 풀빵 81

건강에 강도가 82 / 바다 걷기 83

나이가 들면 84 / 질투는 단골 메뉴 85

달라야 한다 88 / 나의 고백 91

제3부

우리가 함께하며 위로가 될 때

수영장과 교회당 97 / 두 여인 98

예수쟁이에게 고함 100 / 우리는 어떤 친구일까? 102

사랑 계산 104 / 하나님 약방 105

백발 106 / 배웅 107

모시고 108 / 나무 그늘 109

침례식 110 / 검정 넥타이 112

서울구치소 113 / 쇼핑 114

서비스 센터 115 / 숲길 동무 116

자전거포 주인아저씨 117 / 애니에게 118

미투를 보며 120 / 3월에 피는 꽃 121

문패 122 / 퀘렌시아를 찾아서 124

레드우드 튜리 125 / 사계절 감사 126

제4부

그리운 그 추억의 갈피에서

행주 131 / 현충원에 들려서 132

전화 134 / 그리움 흔적 136

빵과 허기 137 / 동창회 138

헛간 140 / 지리산 친구의 순정 142

초옥 144 / 순환 145

1973, 첫겨울에 146 / 병영에서 만난 동창 147

63번 148 / 명품강의 권교관 149

면회 온 아가씨 150 / 마지막 일요일 151

반가버라. 동창생 152 / 에베레트 153

한강 154 / 그 기도 156

피난처 158 / 지루한 망명에서 159

사진 한 장 160 / 동동구리무 162

만족한가 164 / 한 번도 가지 않은 길 166

제5부
빛은 거기에 있었으니

잠을 설쳤다 171 / 제주도 172

싱글 여행 174 / 성산 일출봉 해돋이 176

숨뜰 민박 178 / 사진기 180

백록담 가는 길에서 182 / 런던 인연 184

덕주사로 186 / 노고단 가는 길에 187

히말라야 트레킹 188 / 세도나 189

브라시스 여행 190 / 브라이스 캐년 하이킹 191

피스모비치에서 192 / 마추피추에서 194

36인의 남미 여행 196 / 사람 참 별것 아니구나 200

페루 여행길에서 201 / 세상의 지붕 202

창원 시내버스 안에서 203 / 남다른 삶 204

굿나잇 205 / 하이킹 206

갈매기 조반 207 / 사십 년 만에 208

부지깽이 210 / 주님 곁에 가까이 212

| 은사 이야기

손금에 운명이 보인다 214

열심히 공부하면 운명이 바뀐다 215

몰라도 계속 읽으면 거기에 답이 있다 217

차에 올라가서 벽돌 한 장씩 세어보았는가 218

| 발문

지혜는 어디에서 오는가? _ 백인덕(문학평론가) 220

제1부

사랑으로 기도하는 삶을 위해

California Poppy와 Daisy가 만발한
캘리포니아 피스모비치의 집 전경

두 바퀴를 도는 시계

오늘도 시계는 두 바퀴를 돌아
한낮과 한밤을 가르며 흐른다.
분주한 발걸음 속에 잊힌 순간들
짧은 웃음과 긴 한숨의 교차점에서
시간은 묵묵히 제 길을 간다.

눈 깜짝할 새 흐르는 시간 속에서
우린 무엇을 남기고 있는가,
스쳐가는 바람처럼 지나가는 날들
하지만 시계는 멈추지 않고
하루 두 바퀴를 완성해 간다.

오늘도 두 바퀴를 돈 시계는
우리에게 묻는다.
그 짧은 시간 동안
무엇을 꿈꾸고
무엇을 사랑했는가.

당신은 이 시간에

누가 살고 있는가에 따라 집 이름이 지어진다.
- 닭이 살면 닭장
- 개가 살면 개집
- 말을 키우면 마굿간
- 소가 살면 외양간

무엇을 담느냐에 따라 그릇의 이름이 지어진다.
- 소금을 담으면 소금병
- 참기름을 담으면 참기름병
- 술을 담으면 술병
- 담뱃재를 담으면 재떨이

누구를 안에 모시느냐에 따라 이름이 지어진다.
- 공자님을 모시면 유교인
- 석가모니를 모시면 불교도
- 알라를 모시면 이슬람
- 예수님을 모시면 그리스도인

당신은
어떤 집에서, 무엇을 담고, 누구를 모시고 사는지
한번은 자문해 볼 시간.

인기척

도리스는 옆방에 잔다,
수면시간이 다르다는 이유로
서로를 위한다고
나는 따로 내 방에서 잔다.

도리스는 제 방에 잔다.
숨소리도 들린다,
잠꼬대도 들린다,
살아 있다는 신호이니 다행이다.

오늘 밤은
늘 자던 대로 나는 내 방에
도리스는 자기 방에
그런데 고요와 적막만 흐른다.

오늘 밤도
생존의 신호를 기다린다,
인기척이 그리워 자다 깨다 설친다,
그때는 미처 몰랐다.
그게 그리 좋은 것인지

단짝
― 나의 와이프

젓가락 단짝 숟가락
숟가락 없이도 젓가락 단짝
젓가락은 언제나 둘

하나이면 꼬챙이
둘이면 젓가락
그래서 우리는 단짝

혼자서는 힘겨워도
혼자서는 안 되는 일도
둘이서는 척척

우리는 단짝
찰떡궁합 단짝
무서울 게 하나도 없다.

천생배필 단짝
아름다운 인연이어라.

마사지 침대와 의자

서둘러 구매계약 끝내고
집으로 내려오는 차 안
마사지 침대는 당신 생일선물이야,
생일이 아직도 다섯 달이 남았지만,
그 말이 떨어지기 무섭게
"마사지 의자는 당신 생일선물이야" 맞받아친다.
내 생일은 보름이나 지났는데…
오랜만에 화기애애한 담소, 차를 쌩쌩 몬다.
요리사의 실력을 발휘한 저녁 식사는 예술
때마침 텔레비전에서 보여주는
남한예술단의 평양공연을
러브싵에 서로에게 기댄 채 감상하며
이민 후 처음 느껴보는 부부만의 로맨스에 푹 빠졌다.
오늘은 우리에게 참으로 행복한 날이다.
이것이 일만 불의 위력이냐,
노년의 초입에서 느껴보는 사랑이냐?

쑥
- 고향

햇살을 맞으러 나온 쑥
봄이 왔다고 고개 살짝 내밀고
시골 언덕길은 분주하다.

쌀이 귀하던 시절
가난을 이겨내야 하는 시절
그때 그 쑥들은 고마운 일용할 양식

쑥에다가
빼대기와 팥을 넣고 끓인 죽
봄이면 어김없이 찾아오는
우리 집 단골 메뉴

끓인 쑥국
쌀이 보일 듯 말 듯 한 보리밥
왜 그리도 가난했던지,
돌아가신 부모님 생각에 눈가가 젖는다.

싱크대

천한 그릇
더러운 그릇
모두가 줄줄이 싱크대로

귀해 보이는 그릇
깨끗해 보이는 그릇
모두가 하나같이 싱크대로

하나님의 사랑과
예수님의 은혜가
콸콸 쏟아지는 싱크대로

성령님 인도 따라
변하고 변하여
더러운 그릇 깨끗하게
천한 그릇 귀하게.

마른 나뭇가지

맑은 날에도
궂은 날에도
아무도 주목하지 않는 볼품없는 나뭇가지

먼 데서 바라봐도
가까이서 쳐다봐도
거슬린 듯 보이는 나뭇가지

공중에 빙빙 돌던 새 한 마리
이 나뭇가지에 살포시 내려앉은 이후
한 폭의 그림 속 주인공이 되었다.

죽은 가지가 이토록 아름답게 보이는 것은
새가 찾아와 앉아 있기 때문이다.

오늘도 한 마리 새가
날아들기를 기다리며 하루를 맞는다.

곶감

찌는 더위
삼킬 듯 불어대는 태풍 견디고
파랑 잎새 사이로 뾰족이 내민 감

서리에 못 이겨
노랑 옷 갈아입고
떠날 채비를 하는 황금 열매 주렁주렁

아픈 살갖 도려내고
내리쬐는 햇살 아래 속살 내민 채
검붉은 색깔로 새로 태어나 주렁주렁

모양도 바뀌고
이름도 바뀌고
새로 태어난 나를 곶감이라 하네.

어린 시절 동화 속에 호랑이도
내 이름만 듣고 놀라 도망갔었지,
쭈글쭈글한 내 모양에 감춘 맛을
사람들은 알고 있었지.

품에서

사랑이 잉태되는 품
사랑이 영글어 가는 품
아무도 넘볼 수 없는 행복만 쌓여만 가는 품
그 품에서 영원히 살아 숨 쉬고 싶다.

생명을 이어가게 하는 두 젖가슴
생명이 고동치는 두 젖가슴
아무도 빼앗아 갈 수 없는 평안만이 가득한 두 젖가슴
그 품에서 영원히 머물고 싶다.

짜릿한 행복을 나눠주는 품
말할 수 없는 평안이 깃든 품
오늘도 그 품이 그리워진다.

그 품에서
사랑을 속삭이다 잠들고 싶다.
그 품에서
행복을 만끽하다 숨을 거두고 싶다.
잊지 못할 그 품에서.

노을이 왜 아름다울까

아침에 태어나
하루를 살다가는 태양도
작별이 아쉬운 듯
하늘에 아름다운 그림을 그리고 있네.

아이로 태어나
석양을 따라가며
흘러간 세월 못내 아쉬운 듯
내 마음에 아름다운 퍼즐을 맞추고 있네.

모진 산고를 겪은 후에 태어나
시선이 머무는 시 한 편
가슴에 울림을 주는 글 한 편
영원히 잊지 못할 아름다운 노을을 꿈꾸고 있네.

손녀의 울음

두 돌이 되려면 아직도 넉 달이나 남은
손녀 나리와
일주일에 한 번 들러 같이 놀아 주는 사이다.
떠나려고 겉옷을 챙길 때면
여지없이 울음을 터뜨린다.
겨우 안아서 달래놓고
슬쩍 문간으로 가서
신을 신고 문고리를 잡을라치면
울음보를 터뜨리며 달려온다.
아이 부모가 안아서
라운지까지 배웅나오면
언제 울었냐는 듯 생글거린다.
그것도 잠시 대문을 열고 밖으로 나가는 것 보고는
다른 사람들 아랑곳하지 않고 방성대곡이다.
차를 타고 내려오는 내내
손녀의 울음소리가 귓가에 쟁쟁거린다.
자주 와서 같이 놀아 주지도 못하는 할애비가
미워서일까? 슬퍼서일까?
가끔 와서 함께 뒹굴고 장난쳐 주는 할애비가

좋아서일까? 사랑해서일까?
아직도 말을 제대로 못 하는
손녀의 울음을
손녀의 눈물을
연거푸 세 번씩이나 들으며 보며
사랑하는 마음이 자꾸만 커간다.
이 늙은 할애비 향해
사랑한다고
섭섭하다고
세 번씩이나 눈물지며 애절한 울음을 터뜨릴 사람이
이 세상에 내 손녀 말고 누가 있을까?

봄

겨울을 몰아내고
여름을 마중하는 어귀에서
이 계절의 봄은
눈 덮인 산에
얼어붙은 실개천에
물이 흐르며 조용하던 동네가 요란하다.

봄바람에
옹기종기 모여 앉은 들꽃 위에는
계절 따라 찾아온 벌 나비 떼
칙칙한 검정 외투를 벗고
화사한 샛노란 블라우스 갈아입은 나무에는
샘나는 아름다운 꽃으로
풍요로운 열매를 기약하며 합창을 한다.

그 울림이 대양을 건너
나의 마음에도
너의 마음에도
인연의 움을 틔우고 사랑의 꽃을 피운다.

갈비찜 특제 소스

변하지만 끊어지지 않고
겨레의 식탁을 풍요롭게 한 메뉴

건강식에 떠 밀려
한점 입에 넣기도 주저하던
별로 내키지도 않던 갈빗살
예전엔 집 냉장고 안 천덕꾸러기

감사의 계절
생홀애비로 살아가는 모습에
매콤달콤 맛깔나는 갈비찜 배달

시식도 하기 전에
입안에서 침이 마중 나와
한 점을 뜯어 넣고 온 몸에 전율

고기 맛 너머로
시장 보며
요리 하며
불쌍한 이웃을 생각하며
힘들었을 모습 눈에 선하다.
그 사랑에 반응한 내 입맛 숨길 수 없다.

액자

그림도
사진도
액자 없이는 제 가치를 드러내기 어려워
구스타프 클림트의 〈키스〉도
명화로 감상하려면
액자에 넣고 봐야 제격

프레임 가게에 진열된
수 많은 종류의 색깔에 모양들이
저 마다 주인을 찾으며 기다린다.
자기가 좋아 할 프레임
가게 디자이너 수잔에게
손님으로 들린 제인에게 조언을 청한다.
실물을 보자는데
그래야 알맞은 옷을 고를 수 있다는데

나는 안다.
곱디고운 마음을 담아 만들어 내면
〈키스〉가 실물처럼 보일 것이라고
나도, 자기도
구스타프의 주인공처럼 액자 속에.

딸이 뉴욕에

뉴욕이 세계적으로 유명한 도시지만
사랑하는 딸이 공부하러 가기 전에는
그냥

이제는 주위에서 누가 뉴욕 얘기만 하면
방송에서 뉴욕 하면
귀가 쫑긋

예수님이 하늘에
하늘은 우주적으로 유명한 곳이지만
예수 믿기 전에는
그냥

이제는 어디에서 누가 하늘 하면
방송에서 하늘 하면
사랑 기웃
귀가 쫑긋.

와이프 혹

동이 트면 일어나고
달이 뜨면 잠자리에
항시 너를 메고 동고동락

내 나이가 늘어가듯
너도 따라서
은행알만 하던 놈이
어느새 밤톨만큼이나 자라난다.

돌아보니 스물네 해 훌쩍 흘러 정들었지만
오늘은 이별을 통보하련다.

간호사가 수술복을 입히고
마취 의사의 눈이 내려다보는 듯
외과 의사의 메스 벌써 쓰윽 지나간 후
어딘가 쓰레기통에 넌 버려졌다.

남편이 밀어주는 휠체어에서
감사와 행복에 젖어 퇴원을 한다.

아버지

입속에 부르기만 해도
눈가에 눈물이
핑 돌고 고이는 것은
값없이 베풀어 주신 그 사랑 때문

눈 감고 아버지를 상상하기만 해도
지난날 잊을 수 없는 추억들이
속에서 용틀임 하는 것은
온전히 저한테 쏟아 주신 그 희생 때문

아버지도 아버지가 계셨지만
일제강점기와 육이오를 거치며
모진 세월 지나시느라
그 사랑 그 희생을 맛볼 틈은 꿈도 못 꾸셨지요?

아버지!
불초소생, 고희를 지나
이제 철이 든 듯
목메어 불러봐도 대답이 없으시네요.

엄마

고생을 고생으로 여기지 않던 어머니
고희를 지난 이 나이 되어서야
그 사랑이 가슴을 후벼 파네요.

그 흔한 말
사랑합니다, 사랑합니다
한 번도 못 해본 불효자
이제 엄마를 진짜 사랑한다고 말하렵니다.

오늘은 "어머니 사랑합니다"라고
기껏 소리 내어 부를 수밖에 없지만
예수님 오시는 그 날엔
하늘나라에서 꼭 만나요,
내 사랑하는 어머니.

사랑하는 아들딸에게

너희가 자라나는 모습을 보며,
내 마음은 떨림으로 가득 차고,
어린 시절의 그 순수함을,
지금도 잊지 않고 품에 안아.

한 걸음 한 걸음, 어려워도,
함께 걸어가는 우리 길,
너희의 꿈과 행복을 위해,
아빠는 언제나 힘이 될게.

소중한 시간을 나누며,
서로의 이야기에 귀를 기울이고,
기쁨과 슬픔을 나누며,
우리는 더욱더 단단해져.

조금씩 세상에 나아갈 때,
항상 아빠의 사랑을 기억해,
너희가 어디에 있든지,
마음은 언제나 함께 할 테니.
어른이 되어가는 지금,

새로운 꿈을 펼쳐 나가길,
너희의 여정은 빛날 거야,
아빠는 너희를 믿고 응원해.

세상에서 가장 큰 사랑으로,
내 아들딸아, 너희를 아끼니,
이 길이 언제까지나 계속되길,
우리의 연결은 영원하리라.

To My Beloved Children

As I watch you grow,

My heart is filled with excitement,

Holding onto the innocence

Of your childhood, still close to my heart.

Step by step, though it's hard,

We walk this path together,

For your dreams and happiness,

Dad will always be your strength.

Sharing precious time,
Listening to each other's stories,
Through joy and sorrow, side by side,
We become even stronger.

As you venture into the world,
Always remember Dad's love,
No matter where you go,
My heart will always be with you.

As you become adults today,
May you unfold new dreams,
Your journey will shine brightly,
Dad believes in you and cheers you on.

With the greatest love in the world,
My children, you are cherished,
May this path continue on forever,
Our bond will last for all time.

님

잊지 못할 님의 미소
별처럼 빛나던 눈동자
시간이 흘러가도 늘 마음속에
영원히 새겨진 기억의 흔적.

세월이 지나도 사라지지 않는
그리움에 머물러 있는 이름
님의 따스한 손길을
영원히 잊지 못할 내 님이여.

My Beloved One

Your smile, unforgettable
Eyes that shone like stars
Even as time passes, forever in my heart
The traces of memories etched deep.

As years go by, they don't fade away
In the lingering longing of your name
Your warm touch, my dear
I will never forget, my beloved.

나의 꽃, 나리

꽃 중 꽃을 사람꽃이라 일컫지 않던가,
그 아름다움이 일상적이지 않고
늘 정겨운 사랑을 끌어내는
변화무쌍한 감정을 연출하는 걸작이다.

들녘에 꽃들은
아무리 아름다워도 바람에 흔들리는
여느 꽃들과 같아서
창조의 고유한 미를 머금고 있는 사람과 비길 수 없다.

우주의 어느 켠에 숨어있다가
꽃들이 만발한 아름다운 오월에 찾아왔느냐,
순수한 마음씨를 세상에 물들이라고
너를 "나리" 라 이름 지었다.

사랑은 제 눈에 안경
청춘의 속삭임에만 쓰이는 전유물이 아니라는 것을
손녀를 키우며 느끼는 할애비 마음
세상의 할매들도

자기 손주가 최고란다
이쁘고 깜찍하고 간지러운 놈이라 야단들이다.

아름답게 피어나 향기를 뿌려대는
예쁘디예쁜 나의 꽃
세상에 어디에도 없는 나의 꽃
손녀 '나리'

My Flower, Vanessa

Isn't it said that the flower among flowers is the "Men-Flower"?
Its beauty is not ordinary,
Always evoking a warm love,
A masterpiece that expresses ever-changing emotions.

The flowers in the fields,
No matter how beautiful, sway in the wind,
Like any other flower, they cannot compare
To a person who embodies the unique beauty of creation.

Hiding in some corner of the universe,
Did you come to me in the beautiful month of May, when flowers bloom?
To color the world with your pure heart,
I named you "Nari."

Love is in the eye of the beholder;
It is not merely a privilege used for the whispers of youth~
This is something I feel as a grandfather raising a granddaughter.

All the grandmothers in the world
Say their grandchildren are the best.
They fuss over the pretty, adorable, and ticklish ones.

Blooming beautifully and spreading fragrance,

My very pretty flower,

My granddaughter "Nari," unlike any flower in the world.

딸

딸이
정화가
Pauline이

아빠를 부를 때
좋았다

어린시절, 새신을 신고 뛰어 보자 펄쩍~
나이키 신발 신어 봤으면 정말 좋겠네~
독도는 우리 땅~ 노래할 때
행복의 싹이 피어났다.

네가 믿음직한 짝을 맞아
행복하게 사니 나도 행복하다.

예쁜 나리와 소라 엄마가 되어
애기들 자랑하려 아빠를 부를 때
아주 좋고 많이 행복하다.

Daughter

When daughter,
Junghwa,
Pauline,

When my daughter
Calls me Daddy,
Happiness blossoms in my mind.

In my daughter's childhood
Let's jump while wearing new shoes ~
I wish I could wear Nike shoes~
Dokdo is our land~ When she sang,
Happiness bloomed inside me.

Married to a good husband like Jay,
Living happily makes me happy too.

Pretty Vanessa and Chelsea, when their mom
Calls me to boast about the children' success
Happiness walks along.

아들

아들이
정우가
Michael이

아빠를 부를 때
기분이 좋다.

도움이 필요하다고
기쁨을 나누고 싶다고
아빠를 찾을 때
기분이 좋다.

예쁜 짝, 지오를 맞아
행복하게 사니 나도 행복하다.

별일 없이 안부하고
지환이, 영환이 재롱을 보여주려
할아버지를 부를 때
기분이 좋다.

Son

When my son,
Jungwoo,
Michael,

calls me daddy,
it makes me happy.

When he seeks help,
or wants to share joy,
and calls for me,
it makes me happy.

Married to a beautiful wife like Giovanna
Living happily makes me happy.

When he simply checks in,
or wants to show off Julian and Adrian's antics to
their grandfather,
it makes me happy.

성탄의 날
- 하나님

내려 가야지, 세상에 네가 태어나기 오래전
하늘에 궁정을 떠나
죄 많은 세상에 사는 너와 교제하러 가기로 했지.

데리고 가야지, 멀찍이 따라 오는
무가치한 사람인 너를 곁에 두고
사랑으로 달래가며 하늘을 보여주기로 했지.

무한히 참아야지, 해마다 세밑 스무닷새에는
성탄절이라 부르며
나와는 무관한 연례행사로 모두가 즐기고 있지.

함께 살아야지, 내가 베푸는 은혜와 구속의 사랑
하늘의 평화와 영광을 맛보아
산마교회, 성도들은 구세주의 탄생을 감사 찬송
드려야지.

Christmas Day
- for God

I must go down,
Long before you were born into this world,
Leaving the palace in heaven,
Deciding to come and commune with you living in a world full of sin.

I must take you along,
Keeping by my side,
You who come from afar, seemingly worthless,
Comforting you with love and showing you heaven.

I must endure infinitely,
Every year at the end of the year, on the 25th of December,
They call it Christmas,
Celebrated as an annual event, separate from me.

We must live together,
Experiencing the grace and love of salvation I offer,
Tasting the peace and glory of heaven,
And giving thanks and praises for the birth of the Savior.

성탄의 밤
- 신자들

하늘이 열리며 별빛이 춤추던 밤
고요 속에 작은 빛
한적한 마굿간
마리아 품에 안긴 아기

하늘 왕의 신분 내려 놓고
낮고 낮은 이 땅 위에
인간의 구세주로 하늘 가교 놓으신
믿기 어려운 그 큰 사랑의 기적

들판의 순수한 목동들
천문계의 밝은 동방의 길손들
아기 예수 탄생 축복하며
소박한 선물 희망을 나누는 평화의 소식

해마다 찾아 오는 성탄의 시간
오늘 밤 산타마리아 교회 성도들의 마음에
겸비와 사랑으로 넉넉히 채워
새 생명으로 모두를 변화시키는 성탄의 밤.

Night of Christmas
- for mankind

On the night when the sky opened and the starlight danced,
In the stillness, a small light,
In a quiet stable,
The baby embraced in Mary's arms.

Setting aside the status of the heavenly King,
Coming down to this lowly earth,
As the Savior of all, establishing a bridge to heaven,
An incredible miracle of great love that is hard to believe.

In the fields, the pristine shepherds,
The bright travelers from the East,
Blessing the birth of the baby,
Sharing humble gifts and spreading the news of peace and hope.

Every year, the time of Christmas comes again,
Tonight, may You dwell in Santa Maria church members' hearts,
Filling us abundantly with humility and love,
Night of Christmas, Transforming all of us into new life.

제2부

나의 꿈은 세상에 있지 않아서

남해의 갯벌

유리알 삶

밖에서도
훤히
들여다 보인다

안에서도
훤히
내다보인다

약점과 단점을 숨긴
허름한 가림막 팽개치고
교만과 오만을 포장한
사치한 커튼 집어 던지고

영과 육이 하나인 채로
다가오는
다가가는
모두에게 사랑받는
유리알 삶.

플래시 라이트

한 해가 저물기 전에
플래시를 하나 주문하고
달포 만에 태평양을 건너 내 손에
깜깜해져 가는 세상에
자그마한 불빛이라도 비추려고
큰맘 먹고 장만한 플래시
그리 멀리는 못한다 해도
햇빛 한 조각이 아쉬운 밤에
당신의 앞을 비추어 주기는 넉넉하다네.

길을 나설 때
두려워도 말고
무서워도 말아요?
슬픔에 젖어 앞길이 막막할 때
환희의 찬가를 노래하며
당신이 가는 길을
사랑의 불빛으로 밝게 비춰주리라.

당신은 누구시기에

밖에서
누군가가 문을 두드린다.

열어 드리려 나가면
어느새
떠나간 당신의 발걸음 소리만 희미하게 들린다.
안에서 문을 열고 기다린다.
들어 오라고 마중을 나가면
어느새
남기고 간 당신의 향기만 스치는 바람결에 날려 온다.

오늘에
먼발치에서 바라보는 아른거림이
꽃마차 타고 달려오는 당신의 초상 되어
현실의 주인공으로 내 곁을 에운다.
내일에
행복이 꼬리 물고 춤추는 그 순간이 내게 오면

당신은 나를 아는 사람이냐고
당신은 누구시냐고
꼭 한번 물어보고 싶다.

크게 한턱 쏘고 싶은데요

책장 모서리에
아버지 어머니 사진
잘 차려진 밥상을 대할 때마다
문득 생각나는 분

"살아 계시다면
크게 한턱 쏘고 싶은데요"

가장 드시고 싶은 것을
가장 좋은 곳에서
가장 크게 한턱 쏘고 싶은데
이런 생각이 뇌리를 스치면
늦었어, 너무 늦었어
눈가에 이슬이 맺힌다.

보고 싶고
만나고 싶고
못 나눈 사랑을 밤새 나누고 싶은
나의 부모님
하늘에 가서 뵈오면
하나님이 진짜 가장 크게 한턱 쏘시는 그 식탁
그날 그리며 기다릴께요.

왜 어렵게 사니

내게 떨어지는 문제는
간단하다
내가 해결할 수 있는 것과 없는 것
두 가지 뿐이다.

내가 할 수 있는 것은
약간 힘들어도 하면 된다.

돈으로 할 수 있는 일은
눈 딱 감고 그냥 돈 내면 된다.

내가 할 수 없는 것은
그게 무엇이든지
어차피 내가 못하니 스트레스 받을 필요 없다.
누군가가 해결할 테니.

나의 부음을 듣고

너무나 놀란 나머지
눈을 부릅뜨고
'여보'를 목청껏 불렀다.

당신!
왜 그래?
"무슨 일이야" 뛰쳐 나온다.

난!
죽은 게 아니란 말인가?
"분명히 들었다" 내가 죽었다고

하나님 제가 죽은 거 맞지요?
주먹을 불끈 쥐고
까무러치게 놀라 소리쳤다.

넌 죽었다고 생각해?
나의 부음에 온 우주가 기뻐 찬양하리,
나의 자아는 진짜로 죽었으니까.

판데로사 낭만

밤하늘의 쏟아지는 별빛 아래
바람과 함께 달리던 추억의 마차
스모그향 풍기는 연어구이
엄청 크기도 한 햄버거

수영장에 인어가 되어
냉탕과 온탕욕을 즐기며
석양에 걸린 해를 배웅하고

밤에 달리는 마차는
덜커덩거리며 비포장 도로를 밤새 달렸는데
지칠 줄 모르는 열정을 불태우며 달렸는데
아침에 깨어보니
지난밤 떠난 그 마차는
그 자리에.

마음의 외투를 벗고

마음의 외투를 벗고
마음의 속옷을 벗고
알몸의 마음으로 찾아 갑니다.

겉옷을 걸치지 않은 내 마음
내의를 입지 않은 당신의 마음
아래 위를 샅샅이 훑어보고 찾아 가세요.

둘의 마음이 하나 되어
나의 사랑
너의 사랑
영원히 변치 않을 우리의 사랑 찾아갑니다.

혼자예요?

나이 탓에 참석한 메디케어 세미나에
먼저 자리 잡은 이웃집 친구가 건네는
혼자예요?

예배드리러 간 교회에
문간에서 받는 첫 인사는
혼자예요?

한 해를 보내기 아쉬워 모이는 송년 모임에
가까운 지인들이 던지는
혼자예요?

주말 산을 찾은 많은 짝들 속에 혼자 걷는다
산에게 말한다
- 나 혼자예요.
산은 대답한다
- 언제라도 오세요. 내가 항상 있으니까!

이제부터
나는 혼자이고 싶지 않다
산이 있으니까요.

돛단배

그리움의 강물 위에
작은 돛단배를 띄웠네.

기다림에 아파하는 임을 싣고
미풍에도 떠다니는 돛단배라네.
외로운 날을 채워 줄
당신을 품에 안고
저무는 노을에 이끌려 가는
돛단배라네.

야속한 세월의 멍든 가슴
뚫린 구멍 채워 줄 임,
남몰래 이는 내 마음 물결 위
시려 아픈 영상 줄지어 떠다니네,

벚꽃이 찾아와 앉는다

송알송알 꽃망울이 맺히고
며칠 지나 탐스러운 꽃봉오리 솟더니
이웃들과 하나 되어 아름다운 향연을

솜뭉치 같은 봄바람 맞고
춤추듯 휘날리다
내 접시에 살포시 내려앉는다.

한 폭의 그림처럼 아름다운 풍경이
마음속에 새겨진다.

꽃잎은
휘황찬란했던 어제를 잊은 채로
어쩌다 창가에 날아와
문틈 사이에 끼여 신음하며 말라간다.
부서져 먼지 옷 갈아입고 여기저기 기웃거린다.

너와 나의 사랑은
우리 눈동자에 새겨진 고운 꽃잎들은
너와 나의 마음속 깊은 곳에
오늘도 아름답게 살아 숨 쉬고 있다.

저울

저울을 갖다 놓고
나를 달아 보고 싶어
머리, 팔, 다리
몸뚱어리 전체를 올려놓고
연신 돌아가는 바늘 침이 멈추기를 기다린다.
한 바퀴를 회전하려다 말고
왔다 갔다 흔들어 댄다.

내 능력을 달아 보고 싶어
서푼 어치 실력을
보잘것없는 능력을
갈대 같은 의지를
깡그리 올려놓고 기다리지만
돌아가야 할 바늘 침 미동도 보이지 않는다.
피. 땀, 눈물 배인
사랑도. 그리움도, 아쉬움도
안타까운 마음도
모두를 올려놓고 기다린다.

오늘도 걷는다

한 번도 가지 않은 길
어제도 걸어갔고
오늘도 걷고 있고
내일도 걸어갈 것이다.

한 번도 가지 않은 그 길이
어제는 보장되었으나
오늘은 그나마 그런대로
내일은 걸을지 알 수가 없다.

한 번도 가지 않은 마지막 길이
지금 사는 시골길도
도시의 길도 아닌
장차 살게 될 천국 가는 길이라면
반드시
이 길을 믿음으로 가야만 하리라.

인생길에서 행복

예전에는
내가 편해야 행복했는데
언제부터인가
당신이 행복해하는 모습을 보는 것이
진정한 나의 행복이 되었다.

그런 모습, 반응을
볼 때마다, 느낄 때마다
마음속 깊이 자리한 내면의 사랑이 터져 나와
웃으며 즐거워하고 행복해한다.
누가 배달해 주었는지 모르는
이 선물을 나는 부둥켜안고
오늘도 행복의 들판에서 뒹굴고 있다.

멀리서 희미하게 들려 오는
정말요,
넘 행복하다요,
행복 수레바퀴 소리가 순간마다 나를 감싼다.
요즈음 내가 찾은 인생길 행복.

낙타

　　　　낙타는
아침에 무릎 꿇는다
짐을 지기 위해서
저녁에 무릎을 꿇는다
짐을 내려놓기 위해서

　　　　나는
아침에 무릎을 꿇는다
내게 주어진 하루의 짐을
하나님께 맡기려고
저녁에 무릎을 꿇는다
하루종일 나의 짐을 져 주신
하나님께 감사하려고

　　　　나는
곧 오실 주님 꼭 만나고 싶다고
눈물로 간구하며
날마다 무릎을 꿇는다
환희의 그날 바라보며

늙다리
- 어느 날 누군가가 갑자기 지어 준 이름

어느 날 자고 일어나니
늙다리가 되었네
내가 아니라고 억지 고집도 소용없다네.

오라고 하지 않아도 가는 이 길은
먼저 간 사람들이 있다기에
세월의 한을 품고 따라 간다네.

늙다리 꼰대
가슴이 멍하고 정신이 혼미해지는 건망증으로
동문서답의 달인이 되어
한심하고 신통치 않은 무능한 존재가 되어버린
언젠가 갈아 치워야 할
녹슨 머리를 가진 고물이 되어 간다네.

나이 들어 늙어지면
불편을 감수한 채 말문을 잠그고
외롭고 쓸쓸하고 아프고 서러워지고
말 못할 속 얘기들의 돌기만 늘어 간다네.

한 때는
소중한 식구로 과분한 대접을 받으며
큰 소리친 행복의 산파였는데
이빨 빠진 호랑이 되어 황야에서 나뒹굴고 있다네.

아직도 남은 세월
투자한 연금의 원금회수도 불투명한데
손안에 가진 것도 까먹을 판
생존의 위협을 받아 내몰리고 있다네.

할퀴는 세월의 모서리마다
생사에 얽힌 나이테만 남긴 채
이정표 없는 이 길을 오늘도 가고 있다네.

나의 애마

이름은 메세스
나이는 22살
몸매는 S 스타일
은은하면서도 빛나는 연록색
한눈에 반해 데려왔지.

동거한 지 22년이란 세월이
눈 깜짝할 사이처럼
하루같이

한 번도 싫증 나지 않는
보면 볼수록 매력 있는
어딜 데려가도
누구나 군침 흘리는
나의 애마.

아침 그림자

눈을 뜨니
따스한 아침 햇살이
커튼이 길게 드리워진 내방 베란다 창가로
한 폭의 아름다운 그림자를 선물한다.

희미한 베란다 가드레일 위로
좌에서 우로
우에서 좌로
뛰다 날다 반복하는 그림자
금방이라도 창을 뚫고 들어오려는 듯
멀어져 작게
다가와 크게
안타까워 종종걸음을 반복하는 그림자

수줍어 수줍어
노크도 못 하고
두드려 깨우지도 못하고
바깥의 추운 날씨와 씨름하는 그림자
햇살처럼, 까치처럼 다가와 사랑을 퍼다 주는
나의 그림자.

들국화

봄은 바람결에 스쳐 가고
여름은 지리하게 밀려나고
가을이 그 자리에 어김없이 찾아오면
한 줄기에 하나의 꽃
우리의 들국화는 피어난다.

아름다운 정원의 시드는 장미꽃 보다
바람결에 흔들리는 황량한 들판 갓 피어난
들국화를 더 사랑한다.

아침마다 그리움, 밤의 기다림 안고
황야 같았던 나날들
우리의 사랑을 하나둘, 세어 보다
시간의 계곡 안에 고이 잠든
우리들의 들국화!

나이와 사진

나이는 먹는 것
누구도 예외 없이
먹다 먹다 못 먹으면
먹는 일을 멈춘다.

세월은 가는 것
아무도 빠짐없이
따라가다 가다 못 가면
가던 길을 멈춘다.

그리움은 더해 가는 것
사랑하는 사람은 너나없이
그리워 그리다 더 그리우면
그리움에 빠져버린다.

사진은 보는 것
사랑하는 사람들은 둘도 없이
보다 보다 더 보고 싶으면
사랑 따라 줄행랑친다.

사랑의 꽃망울이 터지려 해

살며시 스미는
연녹색 풋나물 내음
버들강아지 물 오르는 속삭임
흩어져 내리는 꽃잎들
반짝이는 햇살에 밀려온다.

어여쁜
시골 아씨의 손 끝에 뒹구는
연정이 도리질 하고
저만치 떨어진 슬픔이 애태운다.

야무진
푸념들은 껍질을 벗은 채
밤 바람에 날리고
소망이 깃든 밤은
철새처럼 보금자릴 찾는다.

눈부신
진주 알 깔아 놓은 듯
반짝이는 별들에
사랑은 영글어 가고
내일을 엮는 꿈은 쌓여만 간다.

아빠 풀빵
- 국화빵

19년 동안 지나다닌

풀빵 가게

아들하고

오늘

처음 들렀다.

그 말씀에

목이 메어

아아

그 사랑.

건강에 강도가

어느 날
나도 모르게
건강에 강도가 들어오고

어느 날
너도 나도 모르게
행복에도 강도가 들어오고

어느 날
우리 모두 모르게
세상에 쌓아둔 모든 것 잃게 되는 날

어느 날
세상 모든 사람들이
Holy Bank 계좌개설 미루어 온 것
후회하게 되는 날

원금과 이자가
아주 크다는 데.

바다 걷기

이 나이에
건강 챙기는 거 말고 뭐 할 게 있나
모두 그렇게 말하고 있지.

건강해도
오는 세월 막을 수도 없고
모두가 가는 길을 따라가지.

지금을 즐겁고 행복하게
인생을 찐하고 맛나게 살려고
오늘도 집 앞
바다 갈매기들과 함께 걷고 있지.

나이가 들면

나이가 들면
왜 모자를 좋아할까?
왜 스카프를 좋아할까?
아무도 설명해 주지 않았지만
이제야 알게 되었어요.
그냥 멋 좀 부려 보려고?
의상에 맞춰 코디를?
아마도 그것은 아닐 거야.
뭘까?
왜일까?
숨 쉴 날 얼마 남지 않은 다급한 마음에
마지막 몸부림치는 것을 누가 알까, 모를까?
크리스마스이브 뮤직페스티벌 노년 중창을
시청하면서
나도 가리고 살아야지,
살짝 속이며 젊게 살아야지.

질투는 단골 메뉴

질투는 어둠 속에서
단골 메뉴처럼 내 마음에 스며들지.

매일 똑같은 자리에서
똑같은 요리를 내놓으며
작은 불씨처럼 타올라
가슴속 깊이 뜨겁게 적셔

남의 웃음, 남의 성공,
남의 빛나는 시간들이
내 식탁 위에 차려질 때
난 자꾸만 나를 덜어내고 싶어

하지만 이내 깨닫지
질투는 나를 위한 음식이 아니라고
그저 썩은 생각의 잔해일 뿐
내가 원하는 건 진짜 배부름이 아닌
행복이라는 달콤한 한 조각.

다른 사람의 행복이
내 안에 질투의 그릇을 채우기보다
내 안의 사랑으로
내 접시를 가득 채울 때
비로소 나는 나의 주인이 되지.

질투는 손님
행복은 주인.

Jealousy and happiness

Jealousy slips into heart
Like a regular on the menu of my soul.

Every day, at the same place
Serving the same dish,
It flares up like a small spark,
Slowly warming the depths of my chest.

When others' laughter
Others' success,
And their shinning moments
are set before me like a feast,
I find my self wanting to empty my plate.
But then I realize,
Jealousy isn't a meal for me to savor.
It's just the remnants of rotten thoughts,
And what I truly crave isn't fleeting fullness,
But a sweet slice of happiness.
Rather than letting other's joy

Fill my dish with Jealousy,
I'll fill my own plate
With love that overflows.
Only then will I truly be the master of my feast.

Jealousy is a guest,
Happiness is the host

달라야 한다

밤길을 따라 걷다 하늘을 보면
빛나는 별은 언제나 남다르다.

다들 같은 세상을 따라갈 때
나는 내 안의 하늘을 따르고,
모두가 같은 길을 가리킬 때
나는 남이 가지 않는 길을 찾아간다.

세상이 말하는 기준에 머물지 않고
내가 원하는 꿈을 그려내야 한다.

바람에 흔들리지 않는 나무처럼,
조용하지만 강하게 뿌리를 내리고
나만의 꽃을 피워야 한다.

다수의 흐름 속에서 벗어나
나만의 고요함 속에서 빛을 찾으며
내 안의 고유한 소리를 들으려 한다.
세상은 때로는 이해하지 못하지만

내가 그리는 그림은 나의 것,
남들과 다르게
나 자신이 되어가는 길.
아름다운 계절을 만나
평범함 속에서도
남다른 풍성한 열매를 맺으리라.

It Must Be Different

Walking along the night path, when I look at the sky,
The shining stars always feel extraordinary.

While everyone follows the same world,
I follow the sky within me,
And when everyone points to the same road,
I seek the path that others do not take.

I must not stay within the standards set by the world,

But rather, I should paint the dreams I desire.

Like a tree that stands firm against the wind,
Quiet yet strong, I root deeply,
And must bloom my own flower.

Breaking free from the flow of the majority,
I search for light within my own tranquility,
Listening to the unique sound within me.

The world may not always understand,
But the picture I draw is mine,
Being different from others,
It is the path of becoming myself.

Meeting beautiful seasons,
Even within the ordinary,
I shall bear rich and unique fruits.

나의 고백

주님을 멀찍이 따라가며
한동안 관계를 두절하며 살던 지난날
수 없이 부인하고 두려움에 갇혀 있던 나
하지만 당신의 십자가와 부활 앞에
내 마음의 기지개를 켜고 다시 일어납니다.

"예수님 당신이 그리스도
살아계신 하나님의 아들이십니다."
이 고백으로 나도 새롭게 태어나
주님을 더 이상 부인하지 않고
나 자신을 부인하며 내 십자가를 지고
주님을 가까이 따르렵니다.

이제 내 삶을 주께 맡기고
온전히 주의 제자 되어 당신의 영광을 위해
이제 닭 울음소리 노래 즐기며
잡생각을 물리치고, 믿음으로 나아가리니
작심삼일 물거품 되지 않게
주님이여 나의 의지를 지배하여 주소서.

My Confession

I followed the Lord from afar,
Breaking off relationships for a while
denying Him countless times and trapped in fear.
But before Your cross and resurrection,
I stretch my heart and rise again.

"Jesus, You are the Christ,
The Son of the living God."
With this confession, I am reborn,
No longer denying You,
But denying myself,
Carrying my cross,
And closely following You.

Now, I entrust my life to You,
Becoming completely Your disciple,
For Your glory,
Now singing joyfully even at the rooster's crow,
Casting away miscellaneous thoughts and moving

forward in faith.

May I not fall back into short-lived resolutions,

And may You govern my will, Lord.

제3부

우리가 함께하며 위로가 될 때

남해의 다랭이 논

수영장과 교회당

좋은 부지에 유명한 엔지니어가 설계 하고 세계 최고의 건설회사가 수영장을 짓습니다. 웅장한 건물이 세워지고 아름다운 색깔의 페인트는 우리를 눈부시게 합니다. 안락한 의자들이 놓이고 스릴을 만끽할 다이빙대도 설치되고 세계 수준의 일급 코치도 올림픽 금메달급의 선수들도 참가합니다. 원하는 사람에게 무료입장으로 누구나 드나들기 쉽게 만들었습니다만 깜빡 잊고 수도관을 묻지 않아 물이 없는 화려한 수영장을 만들었습니다. 이런 수영장에 평생회원으로 등록되어 있지 않은지?

교통이 편리한 부지에 성도들의 뼛골 빠진 헌신으로 화려한 교회를 짓습니다. 높은 첨탑 위에 십자가가 세워지고 밤에는 네온사인으로 눈길을 사로잡습니다. 편안한 극장식 의자들이 놓이고 위엄이 넘치는 강대상도 설치되고 교계에서 이름 있는 유명한 목사님도 수준 있는 성도들이 출석하는 교회입니다. 누구에게나 부담 없이 수시로 드나들 수 있도록 지었습니다만 깜빡 잊고 예수 없는 자기를 내세우는 화려한 교회당을 만들었습니다. 이런 교회의 일생교인으로 등록되어 있지 않은지?
(어느 말씀이 생각나서 씀)

두 여인

그리도 아침 일찍이
그리도 저녁이 늦도록
얼마나 사랑했으면

생을 마감하는 금요일 오후
생명을 되찾은 일요일 아침
어김없이
맨 나중까지
맨 먼저
찾아 나선 두 여인

운명하신 후 부활을 꿈꾸다
동행의 끝자락에서 미련이 남은 채로
무덤을 보고
슬픔을 안고
무덤을 향해 앉았는데

살아나셨다는 전갈에
무서움과 기쁨의 달음질
몽매에도 그리던 예수님이 두 여인을

극적인 노상에서 만남
"무서워 말라"는 애정 어린 위로의 말
두 여인 감격스런 울부짖음
아직도 귓가에 쟁쟁……

꿈이 현실이 된 믿음의 사랑,
순종의 사랑.

예수쟁이에게 고함

집에는 사람이 만든 종이 성경책이 있고
교회에는 사람이 만든 나무 십자가가 있고
거기에만 예수님이 있다고 생각하나요?

진짜로 거기에만 있나요?
병들어 신음하는 환자들
가난으로 고통받는 배고픈 자들
세상에 널려있는 내 주위의 이웃에게서
예수님을 찾아야지요?

이리도 많은 이웃에게서 찾지 못한 예수를
집에서만 교회에서만 찾으려고
무릎 꿇고 기도하고
뭉테기 돈을 갖다 바치기만 하시나요?

죽어서 천당 가려고
살아서 금욕으로 고통받고 있나요?

먹고 싶은 것

놀고 싶은 것
해보고 싶은 것
물려놓고
절제의 울타리에 갇혀 있나요?

울타리 너머 죽어 가는 이웃들의 토굴 속으로
기어서 들어가는 고통이 그렇게 힘든 일일까요?

오늘의 천국을 이웃과 이루는 삶이
내일의 천국을 꿈꾸며
외로운 투쟁으로 살다 죽는 것 보다
더 낫지 않을까요?

우리는 어떤 친구일까?

국화꽃 같은 친구
장미꽃 같은 친구

연꽃 같은 친구
수국 같은 친구

난초 같은 친구
매화 같은 친구

백일홍 같은 친구
무궁화 같은 친구

소나무 같은 친구
대나무 같은 친구

단풍나무 같은 친구
가시나무 같은 친구

잔디 같은 친구

잡초 같은 친구
탕자 같은 친구
사마리아인 같은 친구

공자 같은 친구
부처 같은 친구
예수 같은 친구

나는 너희에게 어떤 친구일까,
그리고
너희는 내게 어떤 친구로 있나를 생각한다.

끝으로
내가 너희에게 어떤 친구가 됐으면 좋을까, 하고
이 밤을 자못 길게 보낸다.

사랑 계산

너와 내가 합하면
하나 더하기 하나는 둘이어야 하는데
완전히 하나가 되어야 한다네.

내가 하나 주면
네가 하나 주어야 하는
조건적 계산법에 익숙한 우리

하나 더하기 하나는 둘이 아니고
하나 되기 위해서는
우리 둘 중 하나 제로가 되어야 하는 셈법

내가 하나고 싶고
네가 제로가 되어야 한다고 우기면
영원히 둘이 되고 만다.

내가 제로이기를 택하고
네가 하나라고 인정하면
금방 우리는 완전한 하나를 이룰 수 있지.

사랑 계산의 정답은
그냥 무조건적으로 주는 사랑뿐이다.

하나님 약방

무슨 약을 파실까?

아플 때면 찾고
약 먹고 나으면
약 바르고 나으면
그 약 언제 봤냐는 듯 아무데나

조제실은 눈에 띄지 않는데
맞춤형 조제약은 선반 위에 즐비하게

한약 양약 "글쎄"
신약 구약 "명약"
백약이 무효인 질병에도 완치가 보장된 명약
"원하는 자에게는 무상으로"

완쾌되면 자기 잘난 척
감사를 잊고 기도와 말씀 없이 그냥 산다.
하나님 약방의 명약을 잊은 채로.

백발

백발의 할아버지 지하철 탄다
백발의 할머니 지하철 안에서
발뒤꿈치 들며 내리며 운동을 한다.

백발할부지 물끄러미 바라본다
백발할무니 운동 끝내고 뒤돌아본다.

눈이 마주치자
컁, 씨이~익 서로 바라보며 웃다가

아무 일 없다는 듯
벡발노인들이 하차를 한다.

백발노인 둘이서
약속이나 한 듯 엘리베이터 향하여
지팡이를 의지해 발걸음을 옮긴다.

여든 살 넘게 보이는 할부지 할무니
무슨 생각으로 서로 바라보았을까?

내 상상이 맞을까, 아닐까?

배웅

이슬비가 마중 나온 이른 아침
커다란 사과를 매달고 낑낑대는 과수원길 사이로
손에 닿을 듯 말 듯한 과일들의 향연 만끽하며
꾸불꾸불 시골길을 나도 동생도
처음으로 함께 한 가을철 낭만의 드라이브

바쁜데 그냥 들어가라는 안달에도 아랑곳없이
시외버스 터미날에
시간표는 서울 약속을 지키기에 턱없이 부족하다.
영리한 동생이 도착지 변경이라는 묘수를 제안
시동을 걸고 출발 채비를 마친 버스에
굿바이 인사도 못 나눈 채 버스 승강구에 발을 올린다.

그냥 돌아간 줄 알았는데
아쉬움을 담아 미소로 굿바이 손짓을 한다
따라서 손을 흔들었지만 이리도 가슴 찡한 배웅을 잊을 수 없다.
터미날 앞 도롯가에 내려 주고 가도 되는데
터미날 안에서 안녕을 해도 그만인데
내가 탄 차가 사라질 때까지 손을 흔들어 주는
친절과 배려와 사랑이 아직도 아른거린다.

모시고

귀신이
무섭다고 줄행랑친
무덤 사이

사람이
기절초풍해버린
무덤 사이

당신이
부벼대며 좋아하는
무덤 사이

그대가
정신 잃고 미쳐버린
너의 젖무덤 사이

나무 그늘

햇볕이 따갑게 내리쬐던 날
숲길을 가다
나무 아래 작은 쉼터를 만났다.

바람이 살랑거리며 지나고
나뭇잎이 소근거리는 그곳
지친 마음 자연의 품에 안겨본다.

꽃들이 미소짓고
새들이 노래하는 그곳
번잡한 것 제쳐놓고 평안을 만끽한다

나무 그늘아래서 마주한 행복
그 속에서 힘을 얻고
매일을 산다.

늘 마음속에 그늘의 서늘함과
바람의 부드러움 간직하며
오늘을 산다.

침례식

다 내려놓고
완전히 물속에 잠그고
불러도 대답 없는 옛사람이 되는 시간

갈보리 보혈약을
아낌없이 주신 그 크신 은혜로
깨끗함 입어 새로 태어나게 해 주는 시간

이 세상의 수 많은 예식들 중에
이렇게도
추억이 있고
감동이 있고
눈물이 있고
결심을 새로이 하는 시간이 있을까?

지나간 세월을 반추하며
그때 그 결심으로
오늘을 사는지 조용히 따져보는 시간
이 예식이 나에게 어떤 의미를 더해 주는지 되씹어본다.

돌이켜
교회에 입적이 되고
하늘 녹명책에 기록되어
영원히 지워지지 않는 철필로 각인시켜
땅의 족속에서 하늘 족속으로 이민 가는 예식

죽고 또 죽어도
이전에 오고 간 세상길로
다시는 돌아가지 않으리라.

오늘따라
눈물이 두 눈에서 흐르고
깊은 마음속에서도 흘러넘친다.

흘러내린 눈물방울에 살포시 비치는
항상 내가 네 곁에서 도와주리라 하시는 듯한
예수님의 얼굴.

검정 넥타이
- 성도의 추모예배 가면서

늘어만 가는 넥타이 수 만큼
매고 나서야 하는 날이 늘어 가는데
아무 때나 매고 나가지 않는
특별한 이야기,

인생 산울림이 메아리쳐 올 때
못다 한 사랑의 아쉬움을 토해낸다.
눌러봐도 눌러봐도
비집고 올라오는 푸성귀 같은 추억들
고이고이 싸 두고 잊혔던 이야기가
보따리를 풀고 나와 통곡한다.

감정 따라가지 않고 이성 따라가야만 하는
웃음보다 눈물이 흐르는 곳

기쁨으로 가지 않아도 반드시 가야만 하는
후회와 안타까움이 나부끼는 곳
영원이 지척에서 손짓하는 때
두 눈가에 맺힌 이슬
검정 넥타이를 타고 흘러내린다.

서울구치소

오늘처럼 눈 내리는 날
담임 선생님과 몇 아이들이
난로 곁에 옹기종기 둘러 앉아

서너 명의 이름을 부르며
너는 장래에
- 대통령이 될 거야
- 장군이 될 거야
- 재벌이 될 거야
아이들은 좋아서 난리가 났다.

한쪽에 범생이들이 끼어들며
저는요? 저는요?
- 면서기 할래요
- 선생님 할래요
- 농사 지을래요

세월은 흘러
일류와 범생이들은 상생하는 건전한 사회로
내로남불 정치의 희생양 된 수감자는 제 자리로
다수의 횡포꾼 정치는 싸늘한 서울구치소로
선생님은 꿈을 못 이룬 채 하늘나라로.

쇼핑

Old Town Shopping
1시간 시간을 줄 테니 원하는 것 사라고 한다.
이번 여행에서 벌써 네 번째다.
아무리 둘러봐도 살 것이 없다.
멋있게 진열해 놓았지만
내 눈에는 다 쓰레기일 뿐이다
가게 주인에게는 미안하다
왜 아무것도 안 사냐고 안달이다.
사고 싶은 것도 없고
사고 싶지도 않다.
이쯤이면 내 인생의 맛이
약간 가긴 간 모양이다.
갖고 싶은 것도 많고
사고 싶은 것도 많았던
지나온 날들을 되새김질해 본다.

서비스 센터

여든은 족히 넘어 보이는 여성이
SUV를 몰고 들어온다 ,
차량은 반짝이는데
속은 누가 알랴.

정기 서비스,
그녀는 만면에 웃음 머금고
손을 흔들며 떠나는 모습이
어여쁜 처녀같이 고아라

약속 시간 맞춰
차들이 줄지어 선다.
흰색 승용차,
트럭,
밴,
검정색, 파랑색, 빨강색.

바깥은 새것처럼 빛나도
속은 그렇지 않다.
무엇이 닳아가는가.
쇠붙이인가, 마음인가.

숲길 동무

산이 좋아 산에 가는 사람
속세에서 묻은 먼지를 털어 내려는
영혼이 맑은 사람
함께 걷는 숲속 길엔
사슴들이 동행하고
잠시 쉬어 가는 바위 곁엔
산 새들이 노래하고
염소바위에 팔베개하고 누워
하늘을 바라보니
비행기가 남기고 간 평행선 길은
만나면 사라지는 운명을 말해 주지만
마냥 아이가 되어
세월이 멈춰 서버린 산에
여기 사랑하는 나의 숲길 동무가
행복의 물고를 가른다.

자전거포 주인아저씨

처가 세상을 떠난 후
찾아간다고 마중 나오는 이
나간다고 배웅하는 이
때가 되었다고 밥 먹으라는 이 없고
사는 게 사는 것이 아닌
외로운 고독만이 켜켜이 쌓이는데

서울 큰아들에게서 SOS
며느리가 주는 따뜻한 밥
빨래며
나들이며
용돈에도
아는 이 별로 없는 객지에서 피어나는 눈치 생활

대구에 사는 딸네로 옮겨
지극정성 다 해주는 딸에게도 고마운 마음은 잠시
얹혀사는 게 힘들 뿐

재혼해야겠다고 폭탄선언
대신, 너희들이 골라주면 좋겠다.

애니에게

석양의 노을이 드리울 때면
에메랄드 뒹구는 마음입니다만
내 고독한 손바닥 위엔
한 아름의 아쉬움이 내려앉는다.

마냥
흩어져가는 석양이 장관이지만
호젓한 꿈의 뒤켠에 비치던
홍옥 같은 눈망울은
어두운 실비를 뿌리고 만다.

우유빛 진공을 들이키며
뒤척이는
나의 가슴은
나의 눈빛은 뜨겁기만 한데
내내 일구어 놓은 보석 물결은
희미한 장막을 드리우고
그리운 길목의 나그네가 되었다.

창안에 갇혀있는

애니를 부르고파

내 마음속에 흐느끼는 이야기

미투를 보며

여자의 파워는 사랑
남자의 파워는 힘

여자의 매력은 미소
남자의 매력은 근육

여자는 보여지는 것
남자는 숨겨져 있는 것
힘으로는 부수기는 해도 녹일 수는 없다

힘으로 사랑을 구걸한 남자들이
줄줄이 미투에 걸렸네

사랑으로 힘을 정복한 여자들은
모두가 승전가를 부르고 있네

미투가 겨누는 창끝은
어디로 향하고 있나?

3월에 피는 꽃

새 삶의 울타리 가에
누가 옮겨 심었는지 모르는
하나밖에 없는 봄꽃 한 그루

낭만이 몸부림치는
봄이라는 계절 3월이 오면
어김없이 피어나는 나의 글라디올러스

생명의 대를 잇는 동그란 뿌리
 무섭게 생긴 칼날같은 잎새
 매혹적인 화려한 자태
정열적인 사랑의 그 꽃

이 봄은
그 꽃은
코비드의 벽에 부딪혀
살을 도려내는 아픔을 안고 통곡한다.

문패

지나가는 골목길에
즐비하게 늘어선 한옥들 대문에는
어김없이 매달려 있는
주인의 이름이 쓰인 문패가 있다.

세상에 태어나서
하사받고
늘 써 오고 있는
어릴 때부터 나를 대표하는 명패

책에도
공책에도
시험지에도
이력서에도
그 이름 변함없이 나의 단골 메뉴로 등장한다.

고대광실 저택이 아니라도
문패 하나 달 수 있는
나만의 공간이 주어지면
내 이름 석자 빛나는 문패를 달고 싶다.

내 안에 고이 숨겨 둔
이 세상의 이단아를 위하여
문패의 주인장을 위하여
면면히 이어 온 마지막 남은
연정의 불쏘시개가 다 타버리기 전에
남들이 부러워할 쌍문패를 달고 싶다.

퀘렌시아를 찾아서

- 매일매일 단조로운 무채색으로 보이는 지금 빨리 일상을 되찾아 숨 쉬고 싶다.

우리의 삶을 송두리째 바꿔놓은 코비드 19는 재앙인가 선물인가?
- 부부 사이에
- 친구 사이에
- 교우(교회) 사이에

우리 일상에 들어도 낯설지 않은 말은 흑백인가 칼라인가?
- 자체방역
- 외출자제
- 사람 멀리하기
- 사회적 거리두기

요즈음 어떻게 지내세요?
며칠 동안이나 양말 안 신고
    신도 안 신고
    화장도 안 하고
    잠옷만 입고

레드우드 튜리

태고의 신비를 안고
하늘을 찌를 듯 곧게 뻗은 레드우드 튜리
바닷바람을 좋아해
태평양 연안을 따라 서식하는 붉은 색깔 나무

예수 탄생 이전에 태어나
셀 수도 없는 나이테 연륜을 안고
그리도 긴 세월을 견디어 온 장수나무

걸으면 걸을수록 신선한 공기는
심신을 피로에서 깨우고
마음을 즐겁게 깨우는 레드우드 숲 산책길

3, 4대가 옹기종기 모여 집성촌을 이루고
유난히 사람들의 왕래가 많아
동네 가운데 한 나무는
속을 비운 채로 오늘도 들러 가라며 손짓한다.

사계절 감사

대지에 생기 찾아와
만물을 소생케 할 때
아름다운 꽃들 사방에서
"봄이 왔다" 소리치니
감사하네.

봄이 가며 가져다준 찜통더위
홍수와 폭우에 시름할 때
계곡에 물소리
"여름은 끝"이라 전하니
감사하네.

여름에 지친 육체 위해
풍요로운 오곡백화
울긋불긋 단풍들이 손짓하며
"가을바람 분다" 속삭이니
감사하네.

살을 에는 바람이 불고
폭설이 길을 막는 엄동설한

내가 가야 봄이 온다며
"겨울이 서둘러 보따리 싼다"하니
감사하네.

무한히 반복되는 춘하추동
하루도 빠짐없이
쌓이는 행복
"사계절마다" 영원히 함께
감사하네.

제4부

그리운 그 추억의 갈피에서

피스모비치 해변

행주

있으면 알아주는 이 없어도
없으면 한 시가 아쉬운 일생

쓰다가 남은 헝겊 조각
그래도 쓸모를 찾아
자르고 바느질해서 세상에 나타났다.
부뚜막 위 해결사, 식탁 위 청결사
제 몰골 더러워지기 일쑤지만
설거지통 안에서 거듭나고 거듭나면
새 임지로 불려 다니느라 분주하다.

사람들이 흘리고 간 자리를 훔쳐내는
엎질러진 자리를 닦아 주는 행주,
짜증과 불편을 몰아내고
행복과 즐거움 실어 나르는
나는 진짜 행주이고 싶어라.

현충원에 들려서

2025년 1월 2일 목요일, 409 묘역 잘 가서
아버지를 찾는데 시간이 많이 갔다.
중간쯤인데 어디
이리 가도, 저리 가도 눈에 띄질 않는다.
자주 찾아뵙지 못한 증거가 확실하지만
나도 흘러가는 세월에 밀려 기억력이 가출을 했나보다
드디어 찾아 뵙고 보니
아무 데도 안 가시고 두 분이 그 자리에 계셨다.
기뻐서 마구 소리 질렀다.

언제나 그랬듯이
엄마, 아빠께 정중히 '문안드립니다'며 인사하고
한참이나 비석 쓰다듬고
엄동설한 겨울에 얼마나 추우실까요
마음에 이불 한 채 고이 들고 찾아 왔어요
오늘따라 왜 이리 눈물이 나는지,
묘비를 오래도록 가슴에 부여안고 통곡하다
눈물 닦고 기도를 반복하고 눈을 뜨니
눈이 부어 올라 뜰 수가 없을 지경

생전 처음 이렇게 많이 울었나 보다.

다음에는 헤매지 않고 바로 찾을 수 있어요
눈물로 다시 올게요 인사를 드렸다.
끝에는 마지 못해
'마중 나오지 마세요' 부탁도 드렸다.

전화

1967년 여름날,
집에 전화가 들어온다는 전갈이 왔다.
마땅히 전화를 걸어야 할 곳도
어디서 전화가 올 리도 없는데
전화기를 놓아야 하느냐는 문제가 생겼다.

이제까지
단 한 통의 전화를 걸어 본 일도 없고
받아 보지도 못 했지만
그 편리함은 모두를 설득하고도 남았다.
얼마 후 처음으로
3국의 3671이라는 번호가 나왔다.
그 번호가 익숙해질 무렵
33국 3671로 새로이 바뀌더니
오늘은 833의 3671 전화번호로 진화해 갔다.

3국의 3671이 우리 집 전화번호로 일 때는
이웃 사람들의 발걸음이 잦았지만
이제 대문간에 인적이 끊어진 지 오래다.

온 세상이 그 위력 앞에 무릎을 꿇고
한 가정 한 대에서
한 사람이 한 대씩으로
남녀노소 모두의 필수품으로 자리매김했다.

몇 통화만 하고 나면
목이 쉬고 진땀 흘리던 일이 어젠 것 같은데
모기도 서러워할 소리에도
모두가 반응하는 예민한 시대에 산다.
전화 없으면 못 살아,
살았다 해도 죽은 것처럼 취급되는 세상.

그리움 흔적

잊지 못할 당신의 미소
별처럼 빛나던 눈동자
시간은 흘러도 마음속에
영원히 새겨진 기억의 흔적

세월이 지나도 사라지지 않는
그리움에 머물러 있는 이름
당신의 따스한 마음
영원히 잊지 못할 그리움 흔적

빵과 허기

아랫배를
살포시 쓰다듬으면
'쪼르륵'거리는 가녀린 음률

눈동자를
좌에서 우로 굴리면
텅 빈 공간으로 떠 오는

정신도, 육체도
욕구충족의 불만을 품은 채
자율신경계에 적신호가 켜진다.

이맘 때
추위에 떨며 골목길 위에서
'찹살떡'을 외치고 있을
가련한 소년을 그리워 한다.

오늘도 '피교육생'의 고달픔을 안은 채
공연히 플라스틱 식판만 긁고 있다.

동창회

늙은 애들의 첫 돌잔치가 속 넓은 친구 집에서 합숙으로
다양한 축하행사가 줄을 이었다.
항아리 깨지는 소리지만 정겨운 노래 실력
남의 집 보리밭 밟는 모습의 무용 실력
바닥을 내리치며 '고-'를 외치는 욕심쟁이들의 미술공부
저마다 갈고닦은 실력을 유감없이 발휘하며
흔치 않은 공연에 미칠 것처럼 즐거워했다.

돌아가자,
천진무구의 시절로 돌아가자
지난 세월의 찌든 묵은 때를 떨쳐 버리고
오는 세월의 백지 위에 화려한 수를 한땀 한땀 놓아보자.

재롱을 피우며 첫걸음마를 할 때처럼
까꿍하면 미소지며 쳐다보자,
옹알이하며 무슨 말인지도 모를 방언을 할때처럼
되지도 않는 말이라도 지껄여보자.

오랜만에 만난 열한 명의 남매들아
건강하게 살아가기를 소망하며

소통하리만큼 컴맹에서 탈출하기를 희망하며
매일의 안부가 손가락 끝에서 나오기를 고대한단다.

(몰라서 못 온 자매들아 형제들아, 알고도 못 온 자매들아 형제들아, 흘러가는 세월의 유혹에 속지 말아라!)

헛간

마땅히 갖다 놓을 곳이 없는 물건을
망설이다 찾아가면
흔쾌히 받아 두는 곳
밤을 환히 비춘다
불이 난 것이다
소중한 것은 아니래도
태워 없어지면 아쉬운 것들이 여기저기 널려 있다
탕자를 기다리다가
맨발로 뛰쳐나가는 아버지처럼
한달음에 헛간으로 달린다
사랑스럽게
예쁘게
슬프게
아쉽게
얼기설기 쌓여 세월의 질곡 속에 묻힌 것들이
화염 속에서 탄다
아직도
나의 헛간에는
언제 찾아갈지도 모르는

주인 없이 남아 있는 사연들이 나뒹굴고 있다
언젠가
나의 헛간에 다시 불이 나기 전에
흘리고 간 사연들을 끌어모아 주인에게 돌리려 한다
그래도
헛간 임대료는 내야 한다고 속삭이면서.

지리산 친구의 순정

그녀를 갖고 싶었다
송두리째 갖고 싶었다

그리움에 지쳐 산을 보고 울었다
메아리는 소리 없이 속삭여 왔다

인륜의 때를 서러워 말고
천륜의 때를 기다림하라고

재물이 있는 곳에 마음이 있다고
마음을 가지면 전부를 가지는 것이라고

모든 것을 달라고 아우성을 질렀다
소리 없는 독백이 고동쳐 울렸나 보다

일에서 백까지 모두 합하여 백팔십팔불
지갑에서 빠져나온 전 재산이 이전되던 날

헐떡이는 숨을 살포시 누르고

고이 접어 주머니에 넣고 뒤돌아섰다

가슴에 저며 오는 애틋한 그리움이 사무칠 때면
언제나 꺼내 보았다 그녀의 모든 것을

스무 해의 긴 세월이 야속하게 지날 무렵
횟거리 앞에 두고 복분자 손에 들고 한 고백

내 마음 나도 모르겠다고
내 마음에 구멍이 확 뚫려 버렸다고

고이 접은 지갑 속의 백팔십팔 불
그녀 앞에 쏟아내던 날

그녀의 눈가에 이슬이 촉촉이 맺히고
역지사지의 심정으로 사랑하리라 다짐을 한다.

초옥

세월이
할퀴고 간 자리
쑥새만 무성하고

우수와 풍화의 전설을 간직한 채로
산협과 계곡 속에 웅크린
까맣게 물든 볏짚 썩다 남은 새끼
다 늙어버린 죽순
미개한 문명의 전시장인 양
추녀 끝에 매달린 조랑박
살며시 내민 바랭이와 독버섯

자욱한 안개 속에 너의 넋이 피어날 때
오랜 결별에서 돌아와
너는 초옥에서
순수한 자연의 냄새로 살아오리.

순환

지구가 달리는 가로수 길가
달 그림자 내리고

작년
이맘때
복된 로맨스 꿈에 젖어
둘이서 거닐던 솔밭길

짓궂게 시기하던
수풀 속 모기 울음
부어 오른 고운 살결
흉터만 남긴 채로

헤어지기
싫다 하던 지난 해 그날
오늘도 변함없으련만
님은 먼 곳에.

1973, 첫겨울에

삭풍에 흩날리는
발부리에 부딪히는 낙엽을 보았는가?

북풍이 몰고 온
맨몸으로 눈보라를 맞아 보았는가?

지는 달만 미소짓는
삭막한 백 리 길 밤을 지새우며 걸어 보았는가?

하루의 삶의 고달픔에
찌든 초췌한 얼굴을 보았는가?

맨살 가죽을 갉아먹는
부어오른 발등의 하소연을 들어 보았는가?

영하의 날씨 길바닥에 흘린 핏자국을 밟고 지나는
병사들의 긴 행렬을 상상해 보았는가?

살벌한 황산벌!

병영에서 만난 동창

하루
또 하루
시간은 꼬리를 물고
두 돌을 넘긴 지
꼭
엿새가 되는 오후

목석같이 굳은 두 사나이는
캠퍼스를 화제로
무한한 공간을
노랗게
파랗게
짙은 주황색 회포를 색칠한다.

저물어 가는
해그림자가 두 병사의 머리 위에서
묻었던 추억들을
어루만진다.

63번

부르면
부를수록
다시 듣고 싶은 이름이여,

화투판에 호걸이여!

기계적인 인간에게
피동적인 병사에게

주어진 대명사여
주어진 이름이여

기호와
숫자는 핏빛으로 물든 앙상블

그 이름은
포병 하사
여섯삼번 이도신.

명품강의 권교관

익어가는 연륜 따라 좇아 오는 졸업을 향한
숨 가쁜 사격지휘 교육시간

권교관은 열과 성이 넘치고
굳센 의지로 뭉쳐진 집념의 사나이
젊은 장교의 기백이 살아 숨 쉰다.

어지간히 흥미를 갖기 쉽지 않은 '포술시간'
골 아픈 사인 코사인 탄젠트가 날아다니고

유달리 복잡한 숫자들 너머로
오늘도 언제나처럼 팁을 소개한다.

"의사가 의과대학에서 공부를 열심히 하지 않았는데 병원을 차린 후 환자를 제대로 치료하지 못했다면 그것은 죄악이다. 여러분이 열심히 공부하지 않으면 적군을 살리고 아군을 죽일 수 있다"

불같은 욕망과 진지한성의는
그의 입술에 달려 있다.

면회 온 아가씨

억수같이 내리는 비를 뚫고
기다림에 여울진
연분홍 레인코트 아가씨

누구를 만나러 여기에

재촉도
안달의 몸부림도 잊은 듯
희색이 만면한 객들만 물끄러미

굳어진 얼굴
차가운 손
초조와 애태움이 뒤섞인 채로
누구를 만나러 여기에……

마지막 일요일

검게
둘러쳐진
담장 너머로

밝아오는 동녘
붉은 태양 향해
묵은 기지개를 펴고

마음에 새겨진
"언제 졸업하고 그리운 애니에게로"
달려갈까.

일요일에 마지막 라면이
입안에서 뒹굴고
오늘이 마지막 날이라고
달리는 철마는 기적 소리 내며 운다.

반가버라. 동창생

친구야,
이십 년만인데 잘 지냈냐.
하늘 나자, 땅 나자
사람 나자, 길 나자
그 길 따라 사느라 바빴다네.

사십 년이 됐구나
콧배기도 안보이더니
머리떼기 내미는 것 보니 살만하구나,
누에고치 명주실 뽑듯 쌓인 보따리 술술 푼다.

육십 년이라니
그래 몸은 어때
나는 그럭저럭 괜찮은데 그 사람은 갔어
무슨 이야기도 다 하고, 받아주는 맘 편한 친구

친구야, 가는 세월 잡을 수 없고
가는 사람 잡을 수 없으나
매일 건강하게 기도하며 사랑을 나누자,
재림의 날에 만날 약속 잊지 말게.

에베레트

사회생활에 첫걸음을 내 딛고
만남이 시작된 이래
반세기가 지나도록 인연의 끈을
이어가기가 그리 쉬운 일일까.

누군가의 희생이
누군가의 애정이
사우 모두의 관심이
모여모여 만들어 낸 아름다운 오비모임

일상의 이야기가 숨 쉬는 마을
경조사를 나누며 함께하는 동네
누군가가 들며 날며 들리는 사랑방
삭막한 세상 무거운 짐 내려 놓을 수 있는 주막

수년간 함께 일 해온 선후배 동료들
결재판에 사인을 편하게 해주신 보스들
모두가 인생 열차에 탑승한 귀한 승객님들
가슴 깊이 묻어 둔 사랑을 에베레트 사우님들께.

한강*

- 꿈에도 불러 본 이름, 대련의 고려박물관장 황희면 사장.

젊은 시절 의기투합해서

큰 강에 배 띄우고 세계를 향해 웅지를 펼치자

다짐하며 발로 뛰어 소공 세무서 사업등록증

꼬마 사무실 임대 바빴는데

젊은 날의 꿈을 접은 채로

나 홀로 미국 이민 길

당신은 한강 봇짐 지고 중국 땅으로 사업확장 나섰지.

혈혈단신으로 대련 입성

무역회사, 해운회사, 한강주점, 고려박물관까지

대륙의 삶이 얼마나 고달프셨소.

돌아보면 우리 둘 다

초창기 이국 생활, 객지에서 고독과 경제난에 시달리며

흘린 눈물이 또 다른 한강이 되어

아직도 마음속에 흐르고 있소.

그 아름다운 미소, 이옥희 교장 선생님

그날 유골함 앞에서

할 말을 잊은 채 발걸음을 옮겼다오.

부부의 연이 짧아도

너무 짧은 세월이었는데 사업이 무엇인지

아직도 대련에서 홀로 지내는 모습에 가슴이 저리네.

* 한강교역; 필자와 공동 창업한 회사명.

그 기도

엄마!
자장가 부르시며
가슴을 두드려 주시던
요람의 얘기를 들려 주세요.
- 젖냄새에 묻혀 살던
영아 시절의
재롱을 아시잖습니까?

엄마!
고사리 같은 내 손 잡고
무동산 중턱 소매밭으로
쑥갓 캐러 가시던 날 얘기를 들려 주세요.
- 코 흘리며
훌쩍대던 말썽꾸러기의
습관을 아시잖습니까?

엄마!
스무 살이 넘어 군대에 있기에
어머니날 카네이션을 보내 드리지 못해도

제가 가진 본심을 아시잖습니까?
- 눈물로
기도하시는 어머니
제가 엄마를 사랑하는 줄 아시잖습니까?

피난처

지난 날
어디서 살았느냐, 무슨 일을 했느냐
묻지 않고 그냥 다 받아 주는 곳

어릴 때, 엄마한테 혼나면
왜 혼났는지 묻지도 않고
사랑으로 다 받아 주던 할머니

인생을 살다 보니
삶의 하루가 길구나
이십사 시간이 길구나
한 시간이면 좋을 텐데

생에 폭풍우가 몰아칠 때
행복이 길을 잃고 방황할 때
함께 마음을 추스리며
쉬어 갈 우리의 피난처

자초지종을 따지지도 않는
예약을 걱정하지 않아도 되는
나는 너의, 너는 나의 피난처.

지루한 망명에서

지루한 망명에서 돌아오는 나그네
고즈넉이 손짓한다.

어머님의 주름살을 더해 주던 모퉁이길 돌아
메아리따라 외진 길로 들어선다.

거뭇해진 지붕
뒤틀린 용마루 아래 한 가닥 새는 레몬색 불빛
떠오는 여인들의 얼굴
태양과 어스름의 환희를 안고 돌아간다.
어린 날로
쉴새 없이 분주하던 빨랫줄
먹이 찾아 맴돌던 제비들은
언덕배기 오동나무로 가버린 지 오래
이제 산화된 빨랫줄엔
검붉은 녹물만이 매달려
온종일 인적은 간 곳 없이 황량한 채로

지루한 망명에서 돌아왔는데.

사진 한 장

먼지가 쌓인 상자를 열고
누렇게 바랜 봉투를 꺼냈다.
1993년, 볼펜으로 메모해 둔 것이 희미하게 보인다.
오래된 사진이라는 느낌이 온다.
이빨을 하얗게 드러내고
김치를 외치는 군상들
미적 포즈에 익숙지 못해
어정쩡한 자세로 서 있는 시골 녀석들
호기심이 군침을 돌린다.
-이게 도대체 뭐야?
나이 먹은 녀석들이 침대가 부수어질 듯
깔깔대며 낄낄거리며 아우성을 지르듯
너나 하나로 엉기어 있는 사진 한 장.
추억의 뒤안길에서
잠시 걸음 멈추고 시계추를 우두커니 바라본다.
현실에서 못다 한 아쉬움이 진하게 묻어
요놈의 사진 속에서도 항시 붙어 있게 만든 것은
곁에 없으면 서운이란 놈이 슬쩍슬쩍 윙크하기 때문이란다.
-숨겨둔 사진인가?

한 장도 아니고 여러 장이 전부
단체로 박힌 것이었다.
사진이 없으면 추억도 그리움도 아득하고
심심이는 삭막한 인생길을 재촉할 뿐이고
따분이를 떨칠 수 없을 것이다.
사진 한 장 들고 기꺼이
웃을 수 있는 내가 행복한 사람이다.

동동구리무

둥둥 북을 치며 일본식 발음으로
구리무 사라고 외치던 동동 구리무 장수는
시골아이들에게 큰 구경거리

내 아들 예쁘게 보이라고
얼굴에
발라주시던 동동구리무

얼굴에 주름지면 안 된다고 하시며
턱 아래에서 눈 밑부분까지
위쪽으로 거슬러 발라주시던 어머니 손길

싫다고 도망가면
소풍 가는 날
운동회 하는 날은
사람들이 많이 온다며
꼭 발라주시던 동동구리무

엄마의 그 손길이 그립다,
엄마가 보고 싶다.

Dong-Dong Cream

Beating the drum,
shouting in a Japanese accent,
"Buy Gurimu!" the Dong-Dong cream seller
Was a great spectacle for the countryside kids.

"Make my son look handsome,"
And with those words,
You would apply it to my face.

"Don't let your face wrinkle," you'd say,
As your hands moved upwards,
From my chin to under my eyes.

If I ran away, saying I didn't want it,
You'd insist on putting it on,
Especially on field trip days,
Sports day when many people gathered,
Always applying the Dongdong Gurimu.

I miss those hands of yours.
I miss you, Mom.

만족한가

바람은 불어오고
잔잔한 물결 속에
나는 묻는다.
만족한가?

하늘은 그저 높고
구름은 흘러가는데,
내 마음은 언제쯤
고요해질까?

작은 꽃이 피어나듯
소박한 꿈을 꾸며
나는 또 묻는다.
만족한가?

늘 채워지지 않는 그릇,
바람결에 사라진 듯
나의 욕심은 어디로
향해 가는가?

마음의 평온을 찾을 때
비로소 알게 되리라,
나는 그제야
만족하리라.

Are You Satisfied?

The wind blows,
Ripples in the quiet waves,
I ask myself,
Are you satisfied?

The sky is just high,
Clouds drift by,
But when will
My heart be still?

Like a small flower blooming,
Dreaming simple dreams,
I ask again,
Are you satisfied?

An unfilled cup,
Like a breeze that fades,
Where does my desire
Aim to go?

Only when peace fills my heart,
Will I finally know,
Then, and only then,
I will be satisfied.

한 번도 가지 않은 길

한 번도 가지 않은 길
어제도 걸어갔고
오늘도 걷고 있고
내일도 걸어갈 것이다.

한 번도 가지 않은 그 길이
어제는 보장되었으나
오늘은 그나마 그런대로
내일은 걸을지 알 수가 없다.

한 번도 가지 않은 마지막 길이
지금 사는 시골길도 도시길도 아닌
장차 살게 될 천국 가는 길이라면
이 길을 반드시 믿음으로 가야만 하리라.

The road never traveled

The road never traveled,
I walked it yesterday,
I am walking it today,
And I will walk it tomorrow.

That road never traveled,
Yesterday it was guaranteed,
Today it is more or less certain,

But tomorrow, I don't know if I will walk it.

If the last road never traveled
Is not the country road or city road I live on now,
But the road to heaven where I will live someday,
I must walk this road with faith.

제5부

빛은 거기에 있었으니

피스모비치 해변

잠을 설쳤다

모두 하루의 고단한 삶으로부터
쉼의 초청을 받은 고요한 시간

머리맡에서 코 고는 이는 고성능 모터의 소음
코가 떨어져라, 끝없이 작동한다.

옆에서 코 고는 이는 증기 기관차 화통의 울부짖음 멈출 듯 쉴 새 없이 칙칙폭폭이다. 건너편에 코 고는 이는 메조 소프라노의 찢어진 북소리 이 밤중에 혼자만의 콘서트를 한다. 뒤편에 코 고는 이는 나이 먹은 노신사의 숨넘어가는 임종의 유언 세차게 몰아붙이다. 끝에는 김빠지는 오리무중이다. 사연을 뭐라고 읊어 가는데 방언인지 헛소리를 하는지 캐치 불가능, 마지막에 이를 갈이 있으리라 했건만 무슨 설움이 이리도 많아 부드득 이를 갈고 있다.

코골이 4중창
밤새 뜬 눈으로
이렇게 제주도 자전거 여행은 막이 오른다.

제주도

삼다도라 불리는 제주,
먹거리와 탈거리, 잘거리와 놀거리가
바람과 돌과 여자와 잘 어우러진
아름다운 경치가 병풍처럼 늘어선 섬이다.

한반도 남녘의 맨 끝 땅인 마라도를 품에 안고
세상이 시샘하는 절경을 가로 낀 우도를 데리고
떠 가는 구름도 호령하는 탐라국의 자존심
한라산을 머리에 이고
관광의 명소 아우성치다 터져버린 백록담이 있는 섬이다.

　한가로이 송악산 기슭에서 풀을 뜯는 마님들. 병마용으로 나라 위해 장렬히 목숨 바친 애국지사 마님들, 상마용으로 몹쓸포구에서 서귀포 지나 성산포로 생필품을 배달한 마님들, 험난한 침략의 역사를 역전시킨 한반도의 지킴이들, 무한한 찬사를 그대들 위에 진상하련다.

　신원을 밝혀 주지 않은 채 흔들어 깨워주는 바람, 깊은 바다를 밑둥까지 끌어 올려 산소를 불어 넣는 생명선, 오염이 두려워 뭍으로 쓰레기를 밀어내는 환경 지킴이

화산의 잔치상에 올려졌다 날아가는 가녀린 군상들, 상처를 몸에 안고 울어 지친 너의 색다른 매력들, 남편을 집어삼킨 바다를 향해 화풀이라도 하듯 헤집고 다니는 여인들, 생계와 교육을 위해 세월이 다 하도록 물 위에 한 몸 던진 용사들, 어업의 역사를 연연히 이어온 한민족 여성들의 강인함

삼다도를 경험한 희열의 용솟음
생생한 한 폭의 그림으로
내 마음의 벽 한쪽을 영원히 장식한다.

싱글 여행

혼자 여행은 백 퍼센트요
둘이 가면 오십 퍼센트요
그 이상이면 이삼십 퍼센트라 했다.

이번에 나 홀로 여행은 해 볼 만한 가치를 부여한
처음 느껴 본 멋진 자유여행이다.

마라도 뱃길에 몸을 싣기 위해
오늘 사흘째 출근중이다
오늘은 첫 출항하는 모슬포행 승선 티켓을 구매했다.

때아닌 태풍의 영향으로 사흘간 뱃길이 끊기고
배가 뒤집혀 다섯 명의 귀한 생명이 수장된 일이
어제 이 뱃길에서 일어났다.

한반도 최남단의 땅을 꼭 밟아 보고 싶어
먼 길을 매일 아침 은륜의 페달을 밟아
여객대합실 창구를 노크했던 것이다.

이 모든 것을

혼자만의 부담 없는 고민과 결정으로
이루어 낸 것이니 대만족의 날이다.

신경과 정성은 쓸 곳에 써야 한다는 것을
불필요한 낭비를 자초하지 말아야 한다는 것을
체험으로 가르쳐 준 값진 여행이다.

따라 다니는 여행에서 창조하는 여행으로

생각 없이 따라다니는 오리 떼 속에 새끼 오리가 아니고
끝없이 혼자 묻고 대답하는 나와의 귀중한 대화시간
내 영혼이 살아 숨 쉬는 감동에 젖는 여행이다.

여행의 진수는 뭘 보고 뭘 듣고 하는 판박이가 아니라
내 속에 웅크리고 있는 자아를 바깥으로 끄집어내어
세상 구경을 시켜 주는 절호의 기회가 나 홀로 여행이다.

내 영혼아,

눈치도 보지 말고 체면도 생각 말고
푸른 물과 파란 창공 위에 마음껏 나래를 펴라.
편안한 큰 숨 내 쉬어라.

성산 일출봉 해돋이

신혼의 추억이 머물던 내음이 나를 일찍 잠에서 해방
아직도 어둠이 깔린 일출봉 길을 홀로 뚜벅뚜벅 오른다.
몸도 마음도 가뿐하고 상쾌한 기분이다.

오늘 내게 비칠 햇살은 어떤 행운을 약속할까,
한 아름의 기대가 단숨에 일출봉으로 나를 떠밀어 올린다.

청춘이 마냥 즐거운듯한 젊은이들이
쌍쌍이 셔터를 누르고 왁자지껄한 정상
해 뜨기 직전 싸늘함과 희뿌연함이 이들이 포옹하는 묘한
분위기다.

한때의 추억이 머리 위로 스치며
향수의 드라마가 일출봉 위 떠오르려는데
누가 고운 목소리로 부른다
미소를 머금고 혼자 오신 것 같아 불렀단다.

게으른 남편에 대한 불평조의 서두를 꺼내며
일출의 기대와 흥분을 나누자고 한다.

해 오르는 아름다운 장면을 담아가야겠다며 사진 한 장
부탁한다.

눈앞에 꽃 한 송이,
일흔은 됨직한 얼굴의 주름이 세월의 연륜을 가늠케 한다.

이렇게 세월 속에 묻혀가는 아쉬움이 나를 사로잡고
그래도 말을 걸어 주는 할머니 수준의 사람이
이 땅에 있음에 안도해야 하나 슬퍼해야 하나 되뇌어본다.

삼십 년 전으로 돌아갈 수 있으면
그럴 수만 있으면 얼마나 행복할까.
아니, '지금이 행복하다'라고 안에서 큰소리치는 나를 본다.

숨뜰 민박

이만 원이란다
안덕면 사계리 바닷가에 숨어 있는 민박집

저 혼자 살아요
첫눈에 계룡산 도사가 명퇴를 당하고 하산한 느낌에다
장판 위에 양다리를 꼬고 웅크리고 앉은 모습
길게 땋은 머리 잔잔한 미소 곁들인 외양이 예사롭지 않다.

나는 국민학교만 다녔어요
시골에서 돈이 없어 그랬단다.
세상에 나와 안 해 본 일이 별로 없는 기인이다.

50원을 훔쳐 상경한 아이에서
오십이 넘은 중 늙은이가 되기까지
온갖 풍상에 자연적인 도사의 반열에 오르게 된 것이다.

괄시와 천대 속에 험한 인생행로에서
가방끈이 짧아 터득한 지식은 남보다 모자라도
사람은 모자라지 않도록 해야 한다며
도서관을 드나들며 닥치는 대로 책 읽어 댔단다.

불교와 일반철학, 사회학 등에 심취하고
민초들의 애환에 동병상련의 골이 패여
말투와 어법 사이로 숨겨진 현실에의 아쉬움이
슬며시 흘러나오고 있었다.

이틀간의 시간 속에 갇혀
다 내려놓고 사는 여유로운
인생의 말동무와 또 하나의 귀중한
인생사의 꾸러미를 엮어가는 행운을 얻었다.

사진기

여행의 필수품
상시에도 사진 찍는 것을 좋아한다.
미모에 큰 점수 못 받을 타인의 얼굴도 전신도
내일 지고 없어질 길가의 하찮은 꽃들도
모든 게 나의 소중한 피사체들이다.

휴대에 번거로움이 나를 괴롭혔어도
발길이 닿는 곳이 호화로운 유럽이어도
아무도 알아주지 않는 아시아 오지라 할지라도
예외 없이 나의 동행자였다.

제주도 자전거 여행에서는
나의 상식과 버릇이 완전히 반전된 것이다.
휴대하고 가지 않았다
후회하지 않았다.

내 눈에 들어오는 모든 것을 놓치지 않고
다 담을 수 있는 것이 있어서이다.
제주에 입항에서 출항 때 깨지
나를 반기는 모든 것에
마라도 섬 바위에도.

성산 일출봉에도
한라산 백록담에도
나의 이름을 새기고
그 모든 것을 내 마음에 고감도 영상으로 저장해 두었다.

제주도 생각이 머무는 시간에
항시 꺼내 볼 수 있는
손이 쉬 닿을 수 있는
마음과 생각의 위 선반에 얹어 놓았다.

먼지도 지나다 들리지 않고
햇빛도 끼어들 틈이 없는 그곳
아름다운 추억의 파노라마를 연출할 수 있는
나만의 창고에 그냥 두었다.

열어 보자는 이 찾아오면
공감의 터널로 초대하고 싶다.
너와 내가 각인된 사진기 없는 일탈의 여행

*자전거로 일주하며 제주도 민박집에서, 2012년

백록담 가는 길에서

싸늘한 날씨에 성판악에서 하차
우선 해장국을 등산객들 사이에 끼어
훌쩍 한 그릇을 가볍게 치우고
김밥 한 줄 물 두 병을 사서 호주머니에 쑤셔 넣고 오른다.

이게 웬일이냐?
등산객들 대부분 알프스산을 등정하는 사람들처럼
신발에서부터 모자까지 배낭 지팡이는 물론
고가 제품의 전시장에 온 느낌인데
나는 싸구려 가방도 없이 맨몸으로 올라간다.

초입부터 중턱 이상까지
곱게 가꾼 것 같은 설대나무가 빽빽히 들어차 있고
낙엽송들이 듬성듬성 들어서 있는 게
정원사의 손길이 닿은 것 같은 분위기다.

갈대숲 대피소까지가
등산로가 아닌 하나의 큰 일본식 정원을
한 자리에 모아둔 것 같다.

산은 오르는 것이라
연신 땀방울이 이마에 맺히고
길 가운데 패인 물웅덩이에 떨어진다
파장이 번지는 사이로 내 얼굴이 보인다.

이름 모를 새들이 즐거이 반기며 따라나서고
엄마를 잃은 노루가 숨차게 따라 뛰며
지쳐가는 나의 길동무를 자처한다.
산만이 간직한 자연의 쉼터임을 각인시킨다.

몸을 가눌 수 없이 바람이 세차다.
정상에서는 셔터를 누를 수 없을 만치 손이 얼어 버렸다.
5분을 계속 버티기 어려웠다.

눈꽃들로 장식한 한라산 백록담은 수시로 옷을 갈아입고
능선을 타고 올라온 구름은 폭포처럼 쏟아지고
보일 듯 말듯 얼굴을 내민 햇살은 부끄러운 듯 살포시
웃는다.

추위와 바람에 떠밀려
발걸음을 산 아래로 옮기며
미끄러운 길을 재촉했다.

런던 인연

옷깃만 스쳐도 인연이 맺어진다는데
열흘이라는 시간을 함께 동고동락하는
우리는 인연을 넘어 운명을 함께 하는 게 아닌가?

지칠 줄 모르게 흘러가는 시간의 톱니바퀴는
온종일 버킹검궁, 대영박물관 여기저기를 카메라에 담으며
아름답고 소중한 사랑의 인연의 씨줄과 날줄이
쉼 없이 오르내려 우리의 가슴을 떨리기 시작한다.

영불 해저터널을 시속 300킬로로 내달리는 유로스타
고속열차에
나른한 몸과 나그네 세간살이를 힘겹게 싣고
깜짝할 사이에 도버해협을 건넌다.

떠돌이 여행길의 희로애락을 꽃 피우니
운명을 같이하는 친구라 부르지 않을 수 없다.

여행의 필수과목인 재미와 고생이
합작으로 만들어 내는 명품을
감상하고 즐기니 약간의 수고는 잠수를 탄다.

오랫동안 찾아 헤매던 당신의 반쪽이
여기에 있든지
어디에 있든지
그 반쪽과 함께 지나온 재미있고 의미 있었던 사연은
접어두고
그 붉은 대영제국의 혼을 가슴에 담아 우리의 인연을
이어 가리다.

이별역에 다다르기 전에
못다 한 이야기들 남김없이 쏟아붓고
기다란 터널을 지나기 전에
마음으로 사랑의 메시지를 띄워 보세요.

벌써 그리움과 아쉬움이
웨스터민스터 사원의 모퉁이를 돌아
템즈강가를 내달리는 차창 밖에서 우리에게 손짓하네요.
이것이 우리들의 여행길에 인연의 시작이라고.

덕주사로

우리가 모는 차는 그냥 덕주사로
넉넉지 않은 시간
선약을 깨트릴까 하는 염려

피어오르는 물안개 속에 잠재우고
아름다운 단풍으로 수 놓은 길을
사랑 가득, 가을 향기 속으로

진심이 녹아 흐르는 계곡의 물소리
떠나지 말라고 바짓가랑이를 부여잡는
아낙의 애절한 마음

가슴에 지워지지 않을
달콤한 행복을 싣고 건너 마냥
돌아오고 싶지 않은 숲속의 다리

등에 업고 하늘을 날고 싶은
마음에 스며드는
너의 향기가 전신을 감싸 흐른다.

노고단 가는 길에
- 지리산

시월의 마지막 날
반도 남녘에 웅크리고 앉은 지리산 자락 이끌려 오른다.

발끝에 닿는 낙엽 하나 주어
쓸쓸한 너의 울고 있는 모습을 물어보았다.

따사로운 봄날의 햇살도
뾰족이 내민 연한 잎 위에 머물다 갔단다.
지리한 한여름의 빗방울도
더위를 물리치며 싱그러운 잎사귀 위에 쉬어 갔단다.

가슴에 스며드는 싸늘한 가을바람 무리도
앙상한 가지에 매달린 몇 개의 낙엽들을 간지럽힌다.
발아래 바스락거리는 낙엽의 아우성이
절규로 들려 아픈 마음 다독여 노고단 길을 재촉한다.

남해바다를 안뜰로 삼고 무등산을 병풍처럼 둘러쳐
원추리군락을 감싸 안은 길에 나그네 되었다.

노고단은 길상봉,
늙은 시어머니를 모시는 제단이란다.

히말라야 트레킹

일주일 후면
내 발이 히말라야 산기슭에 닿을 것이다.
마음이 쿵쾅거리고 설렌다.

3천 미터까지 오를 수 있을까,
4천까지는, 5천까지 올라가야 하는데
준비물은 다 구입했나,
고산증 약은 잘 챙겨 넣었나,
갑자기 떠오르는 의문들이 줄을 잇는다.
왜 사람들이 히말라야에 그토록 오르려 하는가?
왜 목숨 바쳐 오르려 하나?
누구나 다 아는 고상돈 산악인
이루 다 말할 수 없는 영혼이 잠든 히말라야
두려운 생각이 머리를 스친다.
아니, 나는 정상정복이 아닌 중턱 트레킹인데……

스스로 위로하며 다짐해 본다.
무수한 사람들의 실패담을 억지로 누르며
또 용기를 내 본다.

세도나

생명에 활력을 주는 볼텍스 에너지가
세계 21곳 중에 4곳이 여기에 있어
신비로운 힘을 찾는 도사들이 모여 들고
세상의 예술가들이 길거리에 넘친다.

사방이 붉게 물든 산야들
수없이 펼쳐진 거대한 바위산
에어포트 락
종 바위
성십자가 성당바위
넋이 나가 혼이 빠진 채로 길을 잃는다.

눈 앞에 펼쳐지는 신비의 파노라마
선녀들이 하늘에서 물감을 가져 오다
세도나를 보고 놀라 쏟아버린 흔적들
인간이 사는 땅이라 믿어지지 않는
신들이 모여 사는 신촌이 아닐까?

브라시스 여행

불 타버린 검은 잔해를 안고 신음하면서도
한 켠에 틈을 내어
속살을 통째로 훤히 보여 주는 너그러운 너

내 앞에 바짝 다가 온
천길 낭떠러지로 곤두박질 치는 폭포
아름답고 웅장하게 버티고 서 있는 계곡

늘어 선 자동차 행렬
북적대는 관광 인파
눌러대는 셔터 소리
아름다움에 기절해 버린 탄성이
요세미티를 가득 메운다.

브라이스 캐년 하이킹

아슬아슬한 첨탑들이 옹기종기
섬세하고 아름다운 궁전

하나도 같은 것이 없는
제각기 다른 모습의 헤아릴 수 없는 석상들이
원형극장처럼 둘러 서 있는 경이로운 장관

세상의 어느 조각가도 감히 도전할 수 없는
대를 물려가며 심사를 해도 끝낼 수 없는
계곡에 펼쳐진 천하제일의 작품

형상을 내려다 보는 재미는 보너스
금실 좋은 부부처럼
평화로운 가정의 가족회의처럼
난공불락의 성채처럼
하늘에서 내려 왔다 주저 앉은 선녀처럼
저마다의 특징을 지닌 채 조화롭게 우뚝우뚝

지구 별천지를 둘러 보다
돌아갈 길을 잊은 채로.

피스모비치에서

확 트인 바다
저 멀리 수평선에는
하늘과 바다가 만나서 신비로운 데이트를 즐기고

밀물과 썰물이
만났다 헤어졌다 반복하며
웅장한 오케스트라 연주를 한다.

발끝을 간지럽히는 물결
발바닥을 마사지 해주는 모래알들
마음을 어루만져 주는 아침 산책
오늘은 좋은 날

파도 창고 주인은 선심을 쓰듯
큰 파도 작은 파도 쌓아둔 창고를 열고
확 풀어 놓으며
"나는 욕심쟁이가 아니야"라고 외치는데,

바닷가로 산책 나온 새들은
파도가 실어다 준 밥상을 받고

종종걸음으로 걷다 뛰다 하며 연신 분주하다.

밀물이 왔다가 돌아가기 아쉽다고
모래사장 위에 동양화 한 폭 그려 놓고 간다.

쉼 없이 살아 움직이는 아빌라 바닷가는
거대한 미술관
웅장한 오케스트라 홀.

마추피추에서

해발 3천 8백 미터 고산지대
한 걸음 한 걸음을 오를 때마다
숨은 가빠지고
머리는 아파지고
가슴은 답답해 가는
산소 부족으로 고통을 받았지만
심신을 회복시킨 꿀맛 같은 우루밤바의 하룻밤

평지에서 경험해 보지 않던 고산병의 문턱에서
삭사이와만과 탐보마차이는
편히 숨 쉬고 사는 일상이 축복인 것을 몰랐느냐고
이구동성으로 외쳐댄다.

깊은 협곡 아래 자리한 기차역은
오붓한 연인들의 사랑을 싣고
여행객들의 부푼 기대를 싣고
오는 이 가는 이들로 연신 북새통이다.

마추피추로 이어지는 두 갈래의 철로는
하늘을 찌를 것 같은 뾰족한 기암괴석 절벽 사이로
아마존강 상류를 따라 평화로이 내달린다.

독수리가 비상하는듯한 만년설로 아름답게 빛 나는 산
아낙네의 치마 주름처럼 곱게 접은 가파른 산
새색시 볼 같은 구리를 품은 산
구름 너울 쓰고 부끄러운 듯 얼굴을 감추어버린 산
각양각색의 모습으로 다가오는 산들의 전시장

깊은숨 몰아쉬며 오르는 계단마다
말 못 할 사연이 있는 듯 투정을 부린다.

잉카문명의 보루는 변변한 문패도 없이
4백 년 이상 인간사에서 비켜서서
첩첩산중 정상에 한가로이 자리 잡은
셀 수 없는 돌계단으로 쌓은 늙은 산 마추피추

선물가게 옷가게 알파카 쇼핑관광이 주전 자리에
마추피추 유적지 역사관광은 뒷전으로 밀려나고
보는 재미
사는 재미로 여행은 더욱 풍요로워지는데
아마존 정글 탐험을 못 한 아쉬움을 눈물로 감싸 안고
집으로 돌아가라며 아쉬운 여행길을 재촉한다.

*페루 파라가스 리조트에서, 2014년

36인의 남미 여행

한반도와 북미주
지구의 한 모퉁이에 흩어져 살던
형님 누나 오빠 언니 동생이라 부를 수 있는
한 형제자매들

한 번밖에 없는 삶에
최선을 다하다 만난 보석 같은 우리 모두
한 지붕 아래서 먹고 자는 한 식구
운명을 같이하는 17박 18일 남미 여행길의 나그네들

브라질 들판에서 한가로이 풀을 뜯던
검정 소
누런 소
점박이 소들이
입맛을 돋우는 메뉴로 둔갑하여 별미가 된다.

예수상이 리오를 굽어살피고
빵산이 해안선의 아름다움을 선사하고
이과수폭포는 세상 시름을 단번에 날려버린다.

젖무덤같이 포근하고 아늑한 바빌로체
안데스의 미인을 창조하는 로사
세 번을 배로, 네 번의 차를 번갈아 타며
심산절경을 품은 안데스산맥을 가로질러 아르헨티나에서
칠레로, 바라스의 호텔 앞에 알몸으로 드러누운 밤
호숫가를 걸으며 잊혔던 낭만을 만끽하고

마치 서울의 거리로 착각하게 하는 칠레의 수도
멋과 아름다운 의상을 리드하는 의류도매상을 통째로 접수한
한 핏줄의 혼이 숨 쉬는 산티아고

후안의 해 맑은 미소와 순수한 정을 뒤로 한 채
석별의 아쉬움을 달래며
산티아고에서 리마의 네 시간의 비행길

여로에 지친 우리를 미소와 유머로 반겨주며
꾸스꼬와 마추피추를 눈으로 보듯 그려내는 페루의 달인은
흘러간 날들과 다가오는 날들의 실타래를 풀어준다.

애증이 교차하는 주름살 너머로 숨 쉬는
젊은 날의 짝을 떠올리며
눌러대는 카메라 셔터 소리는

지금도 사랑하고 있다는 아우성으로
쉴 새 없이 우리의 귓전을 때린다.

구름이 낀 날에도
비가 오는 날에도
햇볕이 반기는 날에도
바람이 불어오는 날에도
웃고 즐길 수 있는 것은
넘쳐 흐르는 행복의 강물에 떠밀려 가고 있기 때문이다.

때를 따라 돕는 은혜를 베풀어 주시는 하나님이
어제도
오늘도
쏟아지려는 비를 하늘호수에 모아두시고
휘몰아치려는 바람을 하늘창고에 가두시고
따사로운 해를 보내시어 우리의 여행길을 풍요롭게 하시네.

사랑으로 맺어진 잊지 못할 우정은
스쳐 지나간 나무 그루마다
밟고 지나온 돌부리마다
새겨지고 기억되어 아름다운 추억의 한 페이지를 장식한다.

우리의 만남이 하늘까지 이어지고
여행이 끝나는 그 날까지 하나같이 건강하며 즐겁고 행복한
남미여행의 피날레를 장식하기를 소망한다.

인생의 걸음마다
인도하시는 하나님이
오늘도 우리의 남은 일정에 함께 하실 것을 믿는다.

*산티아고에서 리마로 가는 비행기 안에서, 2014년

사람 참 별것 아니구나

프놈펜 더위로 땀에 젖은 몸뚱이 웅크리고
모기장 속에 갇혀 밖을 내다보니

실내 유리창 틀 위에 보금자리 틀고 사는
잡새들은 예고 없는 비행연습

오랜만에 육식 밥상 차렸다고
입맛 다시며 돌격연습

안쪽으로 침입하려는 모기 파리 새들이 야단법석
나를 가두어 놓고 구경하네

내가 갇혀서 그것들을 구경하는지 모를 일이지만
사람 참 별것 아니라는 생각 속에 첫날밤.

페루 여행길에서

아낙네의 치마 주름처럼 곱게 접은 가파른 산
새악시 볼처럼 발가스레한 구리를 품은 산
구름 너울 쓰고 부끄러운 듯 얼굴을 감추어버림 산

삽자루당, 항아리당, 안델스산맥당, APU 축구공당
선거 벽보를 대신한 페인팅 선거전
귀에도 생소한 꾸스꼬의 정당들이
서로 뒤질세라 길 거리에 벽화로 등장

깊은 협곡 아래 자리한 기차역
오는 이 가는 이들로 연신 북새통
오붓한 연인들의 사랑을 싣고
세상 나들이 나선 사람들의 부푼 기대를 안고

농사는 천하지대본이라
이른 아침부터 페루의 콩밭에 거름 주러
밭으로 돌진하는 멋쟁이 아저씨들
뒤질세라 따라나선 예쁜이방 여인들

닮은 듯 다른
페루여행에서의 진풍경.

세상의 지붕

- 에베레스트

산을 정복하려던 수많은 사람의 피땀이 스민
길 따라 보름 남짓 트레킹

산악인들이 목숨 거는 정상아래
베이스캠프로 오늘도 뚜벅뚜벅

포카라를 출발
푼힐전망대를 거쳐
드디어 ABC
요세미티 헬프 돔까지 거리의 3 배정도 높이

67세 나이에 도전
욕심부리지 말고
8091 미터 안나푸르나 최고봉 아래
4130 미터 ABC까지 무사히 트레킹 완주

걷는 거리보다
숨 쉬는 것이 최대의 장벽
인간 한계를 시험한다.

창원 시내버스 안에서

저 영감은 돈도 안 내고 종일 버스만 탄다,
운전사는 시큰둥하게 한 마디를 내뱉는다
막 못 타게 제지도 않고 그냥 무심하게 중얼거린다
맨날 월남전에서 정글을 뚫고 베트콩을 잡았다고
앞자리에 앉은 할머니에게 막무가내로 말을 한다
저리 가 앉으세요
다음 정거장에서 내리고 만다
아마도 또 다른 버스에 무임승차할 것이다
숨겨져 녹슬어 있던 말들이
서서히 동면에서 깨어나는 듯하다
멀찌감치서 들려 오는 말,
가가 가가 아이가, 거가 거긴라
저짜 저리 가이소, 우짭껍니꺼
내사마 모르깃는기라예
간만에 들어 보는
경상도 사투리
구수하다 못해 마음 한구석을 파고드는
내 고향의 소근거림은 오늘따라 친근하게 다가온다
운전사는 항만청앞에 왔심더,
내리실 손님은 얼릉얼릉 내리이소, 일장을 날린다.

남다른 삶

스치는 바람에 흔들리는 나뭇잎,
눈부신 태양 아래 펼쳐진 그늘
남다른 길을 걷는 우리는
가슴 속 깊은 울림을 느끼네.

정해진 길을 벗어나
아득한 꿈을 그리며,
일상의 틀을 넘어
자유롭게 날아오르리라.

사람들의 눈길에 담긴 의구심,
모두가 평범을 선택할 때,
나는 나만의 색을 입혀
세상을 조금씩 변화시키고 싶어.

어둠 속의 별처럼,
빛나는 개성과 열정을 품고,
남다른 삶의 의미를 찾아
내 길을 이어가리라.

굿나잇

시간이 흐른다
오늘도 쉬지 않고
내일이 성큼 다가온다

시간이 시작된 후로
늘 같은 속도로 달리지만
사랑하는 사람들에겐
시간은 언제나 날아가는 것

흐르는 세월 따라가다
지쳐버린 날이 온다 해도
나는 너에게
"굿바이"라고 외치지 않고
"굿나잇" 이라고 속삭이며
너와 나의 새날을 소망하련다.

하이킹

너 없는 산길을 혼자 걷는다
동지가 다가오는 늦은 토요일 오후
이름 모를 사람들이 지나간 발자국 따라
수없이 교차하는 발자국 따라
포개지고 눌린 발자국 따라
석양을 등지고 혼자 걷는다.

돌아가는 길모퉁이마다 버티고 선 바위
아무렇게나 새겨놓은 낙서들은
길 모르는 사람을 위한 안내자
여기저기 널브러져
길을 막고 드러누워 텃세를 부리는
죽은 나무둥치들은
갈길 바쁜 사람들에게 훼방꾼

서산 위로 넘어가는 해는
하루의 피곤을 풀고
얼굴 붉혀 아름답게 미소짓는다.

비단색 옷을 벗어 던지고
누더기 낙엽 뒹구는 산길을 혼자 걷는다.

갈매기 조반

누가 좋다 하기에
바다 걷기 아침 출근길
발바닥에 지기를 공짜로
발목에 마사지를 무료로

누가 좋다 했기에
갈매기도 여느 날처럼 아침 출근길
걷다 날다 두리번 무상급식 밥집으로
색깔 고운 조개무침 무한 리필로

누가 가르쳤는지
제 입보다 두 배나 큰 조개 물고 하늘로
나는가 싶더니 땅으로 내동댕이치고
놀란 조개 문을 열면 잔치상으로

누가 그러라 했는지
파도는 바람에 못 이기는 척
내 발목을 마사지하고
나의 아침 바다 동행 갈매기 조반을 주네.

사십 년 만에

야, 와 이리 좋노
이리 가도 저리 가도 그저 좋을 뿐이다
만나는 사람마다 좋고
가는 곳마다 아름답고
먹는 그 무엇이든 다 맛있고
듣는 소식마다 나를 즐겁고 행복하게 하는구나
먹거리
볼거리
즐길거리
이런 것들이 나를 미치게 한다
눈 뜨면 물 마시고
밥 먹으면 길 떠나고
만나는 사람 있으면 얘기를 나누고
해가 지면 잘 곳을 찾고
밤이면 이것저것 즐기고
영과 육이 일체가 되어 금수강산 날아다닌다
중년을 지나 노년의 입구에서
누룽지를 긁어내듯
너희들과 나누는 한 조각이 고소하구나
시도 때도 없이 찾아오는

반가운 배달부가 노크하는
카톡이 있는 나라
우리나라 좋은 나라
나는 이곳 한국이 좋다
좋아서 미치겠다.

부지깽이

땔감으로 쓰려
솔가지나 나무대기를 한 짐 져와
부엌 한 켠에 마구 부려 놓았다,
한 손으로 덥석 집어
아궁이 속으로 집어넣다가
불 지피기에 안성맞춤이라 생각되는
놈이 손에 걸리면
그의 일생은 거기서부터 시작되는 것이다.

부지깽이는 항시 아궁이 곁에 대기 중
찌거나 삶거나 할 일이 있으면
주저하지 않고 곧바로 나선다,
불 속을 헤집고 다니며
끌어내기도 하고 거두어 넣기도 하며
꺼지려는 불을 살리려
막무가내로 걸쳐 있는 놈들을
이리저리 정리하는 아궁이 속 터주대감이다.

오늘은 주인 아들 방학이라 집에 왔다,
삼계탕을 끓여 준다
오래도록 일하다 보니
어느새 제 몸이 타들어 가기 시작했다,
바깥세상 구경 한 번 못 해본
부지깽이의 일생은
아궁이와 가마솥과 어울려
누군가의 생명을 보존하기 위해 일하다가
끝내는 자신마저 장렬히 산화하는 것이다.

주님 곁에 가까이

주님을, 멀찍이
멀리 서서 바라보지 않으리,
근심 걱정 염려와 두려움에 싸인 채로
더 이상 멀찍이 따라가지 않으리.

주님 곁에 가까이
손길이 닿을 거리에
말씀이 또렷이 들리는 곳에서
길이요 진리요 생명이신 주님을 따르리.

세상의 어둠이 몰아쳐 올 때도
내 생의 마지막 숨을 쉴 때도
나의 주님 가신 발걸음 따라
주님 곁에 가까이 영원히 함께 살리.
내 마음의 문

내 마음의 문을 열고
주님 모셔 들이려 애쓴 일흔다섯 해
내 마음의 문을 닫고
사탄의 왕래 막으려 애쓴 일흔다섯

사는 동안 문이 열릴 때엔
사탄이 갸웃거리고
사는 동안 문을 닫을 때엔
주님이 노크하시네.

주님과 사탄을 금방 식별하는
첨단 자동문을 달아 주시라,
애원하며 살아 온 춘하추동 일흔다섯 해
이러면 안 된다고 되뇌이면서

이제사 철이 들어
내 마음 주인 자리 내려놓고
온전히 주께 드려
주와 함께 영원히 동행하리.

| 나의 은사 이야기 |

손금에 운명이 보인다

그 당시 겨울철이면 어김없이
교실 한 가운데 장작 난로가 자리하고 있었다.
아이들이 십시일반 장작을 들고 등교를 한다.
어느 날 수업이 끝난 하교 시간
몇 아이들을
사그라져 가는 난로 곁에 불러 모았다.
"선생님이 오늘 너희들 손금을 봐 주려 한다."
우리는 신이 나서 손을 서로 먼저 내밀었다.
한두 아이를 봐 주고 내 차례가 되었다.
어린 마음에도 궁금하고 설레기 시작했다.
"너는 크면 교사나 공무원이 될 거야"
농사 말고 펜대 굴리고 산다는 희망이 생겼다.
시골 소학교 선생, 시골 면서기도 공무원이지?
마음 한구석에 그날을 되뇌이며 살았다.
대학 졸업 때 대한민국 문교부로부터 중고등학교 정교사 자격증을 받았다.
그때 아이들에게 꿈을 심어 준
나동국민학교 4학년 담임 박태환 선생님의 손금 예언이 적중했다.
선생님의 선견지명에 박수를 보냅니다.

열심히 공부하면 운명이 바뀐다

뒷골 사는 명주가 진주 시내 학교로 전학을 갔다가
방학이라 집에 왔다.
멍석을 깔고 마당에 누워 산수 문제를 풀고 있는데
명주가 때마침 놀러 온 것이다.
니가 이거 함 풀어봐라 했더니 금방 푼다. 신기했다.
눈이 동그래 쳐다보니 전과 보고 수련장도 보면 쉽다 한다.
6학년이 됐다.
서병학 선생님이 우리 담임이 되셨는데
제 일성이 너희들은 농사일을 대물림받지 않으려면 공부를 해야 한다.
그래서 매일 시험을 칠 테니 집에서 공부하라고 하셨다.
선생님이 원지를 가리방*에 쓰고 등사기에 잉크를 부어 만드는 시험지.
얼마나 번거롭고 귀찮은 일을 매일 하시다니.
시험을 치니 공부를 안 할 수가 없었다.
명주가 알려 준 동아전과, 수련장, 표준전과, 수련장을 사려고 걸어서
진주 시내 책방으로 갔다. 이것저것 몇 가지 책을 샀다.
소 풀 먹이러 가는 일, 나무하러 가는 일 그만두고
수련장 문제를 미리 풀어 보았다

공부를 잘 한다는 말을 들으려면
누가 먼저 그 문제를 미리 풀어 봤냐는 것 아닌가? 하는
생각이 들었다.
선생님이 시골 아이들을 다그쳐 가르친 결과
거의 모두가 중학교에 진학하게 되었다.
개교 이래 기적이라며 부모님이 선생님을 칭찬해 주셨다.
비전을 가진 서병학 선생님의 시험지는
먼 장래를 기약하는 원동력이 되었다.
진심으로 감사드립니다 .

*등사판의 일본식 표기

몰라도 계속 읽으면 거기에 답이 있다

진주 시내 중학교에 합격했지만,
동춘이와 함께
대구 경산에 영남삼육중학교로 진학했다.
성경을 가르치는 이해창 선생님은
평일에 열 장씩,
주말에 오십 장씩 읽어야 점수를 준다고 하셨다.
열심히 읽었으나 뭐가 뭔지 도대체 알 수가 없었다.
기숙사로 돌아오면 사감 선생님으로
나의 일거수일투족을 보시며 올바르게 살라 하신다
친부모처럼 보살펴 주시고 사랑해 주셨는데
어느 날 연탄가스를 마시고 힘들어할 때
동치미 국물을 가져와 먹이시고
아버지처럼 내 손을 꼭 붙잡고 기도를 해 주셨다.
말씀과 생활이 일치하는 귀감이 되는 분이셨다.
인생길에 만나는 삶의 문제들을 해결하는 정답이
성경에 있다고 하신 그 말씀,
깊이 명심하고 살아갑니다.

차에 올라가서 벽돌 한 장씩 세어보았는가

대학 캠퍼스에 엘리야관을 신축하던 여름방학에
공사장 감독 아르바이트를 하게 됐다.
교수님이 부르시더니
벽돌차가 몇 대가 왔어?
모래차가 몇 대 왔어?
시멘트는 몇 포대 받았어?
대답이 끝나자마자
벽돌차에 올라가서 한 장 한 장 세어보았는가?
망설이고 있는데
"모든 일은 눈으로 확인하고 확실히 하게"
매사에 빈틈이 없고 제자들을 아껴 주신
실사구시 실용학문의 대가,
김홍량 총장님은 늘 학교의 비전과 발전은 물론
재학생들의 장학금 마련,
졸업생들의 취업상담으로 바쁘신 중에도 시간을 내어
점심으로 보리밥, 비빔밥을 사 주면서 격려를 해주셨다.
평생 잊지 못할 아르바이트생과 교수님과의 오찬이었다.

교수님의 도움과 조언으로
수많은 제자가 각기 주어진 자리에서
사회와 국가를 위해 헌신하고 있다.
존경하며 감사드립니다.

| 발문 |

지혜는 어디에서 오는가?

백인덕 (문학평론가)

1.

호린(好隣) 이도신 시인의 첫 시집, 『흐르다 멈춘 길목에서』는 읽는 사람에게로 하여금 각자의 기억과 상상의 세계로 들어갈 수 있는 다양하고 직접적인 '마디(결절점, 하이퍼 링크, 혹은 해시태그)'를 제시한다. 주지의 사실이지만, '개성(individuality)'은 시대 상황과 개인 환경 같은 외적 자극에 대한 감정과 사유를 포함한 정신활동 일체의 내적 반응을 통해 형성된다. 시인은 한국의 베이비부머(baby boomer) 세대와 디아스포라(diaspora)라는 특수성을 씨줄로, 신앙에의 헌신과 문학에 대한 열정이라는 보편성을 날줄로 삼아 삶의 생생한 질감과 다채로운 무늬를 구현해 보여준다. 따라서 이번 시집은 그 출간 자체가 개성적인 창조 활동의 결과이며, 뒤이을 많은 작업의 영감의 원천이라 할 수 있다.

저자는 '시인'이라는 호칭을 버거워할지도 모른다. 한국의 베이비부머 세대가 사랑한 독일 시인 R. M. 릴케는 『말테의 수기(手記)』에서 "나이 어려서 시를 쓴다는 것처럼 무의미한 것은 없다. 시는 언제까지나 끈기 있게 기다리지 않아서는 안 되는 것이다. 사람은 일생을 두고, 그것도 될 수만 있으면 칠십 년, 혹은 팔십 년을 두고 벌처럼 꿀과 의미를 모아 두지 않으면 안된다. 그리하여 최후에 가서 서너 줄의 훌륭한 시가 써질 것이다."라고 단언한 바 있다. 또한, 저자 역시 '시인의 말'을 대신한 「시를 찾아간 길」에서 "삶의 우여곡절이 집어삼키려 할 때마다 숨통을 터준 습작들을 보면,/당시의 고난의 가혹한 순간이 회상되기도 하지만/여전히 글쓰기 낭만을 품고 있었음을 확인하게 된다."고 분명하게 밝혔으니 '시인'이란 호칭은 라이선스(License)의 문제가 아니라 그 본질(nature)과 관련하여 지난 '열정'에 대한 소박한 보상이고, 앞으로의 과업("최후에 가서 서너 줄의 훌륭한 시가 써질 것")을 위한 격려라 할 것이다.

내려가야지, 세상에 네가 태어나기 오래전
하늘의 궁정을 떠나
죄 많은 세상에 사는 너와 교제하러 가기로 했지.

데리고 가야지, 멀찍이 따라오는
무가치한 사람인 너를 곁에 두고
사랑으로 달래가며 하늘을 보여주기로 했지.

무한히 참아야지, 해마다 세밑 스무닷새에는
성탄절이라 부르며

나와는 무관한 연례행사로 모두가 즐기고 있지.

함께 살아야지, 내가 베푸는 은혜와 구속의 사랑
하늘의 평화와 영광을 맛보아
산마교회, 성도들은 구세주의 탄생을 감사 찬송 드려야
지.
-「성탄의 날- 하나님」전문

이번 세기의 초입, 경기도 시흥시 외진 동네의 허름한 인쇄소가 떠올랐다. 이 시집의 첫 번째 독자로서 필자가 연결된 하이퍼 링크는 앞에 인용한 작품이다. 겨우 제작 비용을 마련해 찾아간 기독교 전문 인쇄소에서 두 번째 시집을 묶었는데, 거기 자서(自序)에 뜬금없이 전도서 7장 3절을 인용했다. 이 기회에 1~4절까지를 다시 보았다. "1. 좋은 이름이 좋은 기름보다 낫고 죽는 날이 출생하는 날보다 나으며/2. 초상집에 가는 것이 잔칫집에 가는 것보다 나으니 모든 사람의 끝이 이와 같이 됨이라 산 자는 이것을 그의 마음에 둘지어다/3. 슬픔이 웃음보다 나음은 얼굴에 근심하는 것이 마음에 유익하기 때문이니라/4. 지혜자의 마음은 초상집에 있으되 우매한 자의 마음은 혼인집에 있느니라" 어쩌면, 모든 지혜는 삶을 향해 있는 것이지 죽음을 향하는 것은 아닐 것이다. 하나님도

2연처럼, "멀찍이 따라오는/무가치한 사람인 너를 곁에 두고/사랑으로 달래가며 하늘을 보여주기로 했"다 하셨으니 얼굴에 웃음보다 슬픔의 형상을 짓는 것은 정녕 지혜롭게 살아가기 위해서가 아니라면 아무 가치도 없다.

2.
이 시집은 그 규모를 뒷받침하는 단단한 체계를 갖췄다. 시 본문은 전부 5부로 구성되었는데 1부는 늘 사랑으로 기도하는 가족을 중심 주제로 하였고, 2부는 시인의 지상과 하늘, 현실과 내면의 꿈을 그려내고, 3부는 함께할 때 위로가 되는 공동체의 모습을, 4부는 시인의 추억과 지난날의 소회가 주제가 되고 있고, 5부는 일상에서 벗어나 자유를 추구하는 감회가 그려져 있다. 이밖에 외전 형식으로 시인의 자녀인 딸과 아들이 시집에 보내는 헌사가 시 본문 앞에, 시인이 깊은 영향을 받은 은사 네 분에 관한 짧은 일화가 발문 앞에 배치되었다.

2025년 1월 2일 목요일, 409 묘역 잘 가서
아버지를 찾는데 시간이 많이 갔다.
중간쯤인데 어디
이리 가도, 저리 가도 눈에 띄질 않는다.
자주 찾아뵙지 못한 증거가 확실하지만
나도 흘러가는 세월에 밀려 기억력이 가출했나 보다.

드디어 찾아뵙고 보니
아무 데도 안 가시고 두 분이 그 자리에 계셨다.
기뻐서 마구 소리 질렀다.
-「현충원에 들려서」 부분

들녘에 꽃들은
아무리 아름다워도 바람에 흔들리는
여느 꽃들과 같아서
창조의 고유한 미를 머금고 있는 사람과 비길 수 없다.

우주의 어느 켠에 숨어있다가
꽃들이 만발한 아름다운 오월에 찾아왔느냐,
순수한 마음씨를 세상에 물들이라고
너를 '나리'라 이름 지었다.

사랑은 제 눈에 안경
청춘의 속삭임에만 쓰이는 전유물이 아니라는 것을
손녀를 키우며 느끼는 할애비 마음
-「나의 꽃, 나리」 부분

디아스포라는 사전적으로 "특정 민족 또는 집단이 고향을 떠나 세계 여러 곳으로 흩어져 살게 되는 현상"을 의미한다. 유대인 박해가 대표적이었으나 현재는 이민, 강제 추방, 정치적 망명 등의 이유로 자국을 떠난 모든 집단에게도 적용되고, 단순히 고향을 떠나 타국에 거주하는 것뿐만 아니라, 문화적 정체성과 연결된 뿌리를 잃지 않고 다른 나라에서 공동체를 이루며 사는 것을 강조하는 의미로 사용되기도 한다.

인용한 두 작품은 한민족의 대표적 성공 디아스포라라 할 수 있는 미국이민의 뿌리와 결실을 상징적으로 보여준다. 동작동 국립 현충원을 통해 유추컨대 이도신 시인의 부모님은 작게는 자식의 안녕을, 나아가 국가의 안위를 위해 헌신했던 게 분명하다. 또한, 부모님은 한강이 내려다 보이는 언덕에 여전히 자리 지키고 계신다. '나리'는 "우주의 어느 켠에 숨어있다가/꽃들이 만발한 아름다운 오월에 찾아"온 시인의 손녀이고 또한 '사람꽃'으로 '바네사(Vanessa)'이기도 하다. 한 가지 분명한 것은 "딸이/정화가/Pauline이"(「딸」), "아들이/정우가/Michael이"(「아들」)가 그랬던 것처럼 참된 신앙 안에서 진정한 의미의 정체성과 공동체에 대한 기여를 이룰 것이라는 점이다.

한국과 미국의 베이비부머 세대 정의는 출생 연도에서 큰 차이를 보인다. 미국의 경우 1943~60년까지가 해당하지만, 한국의 경우 1950년대 초~1963년까지로 하는 경우가 많다. 어쨌든 이 세대는 낙관주의의 기조 아래 개인의 성공을 위해 분투했다는 특징을 갖는다. 주목할 부분은 동기부여 메시지인데 "당신의 기여는 독특하고 중요하다 (your contribution is unique and important)"라고 고무하면, 이들은 즉시 행동에 나서기도 한다.

삭풍에 흩날리는
발부리에 부딪히는 낙엽을 보았는가?

북풍이 몰고 온
맨몸으로 눈보라를 맞아 보았는가?

지는 달만 미소짓는
삭막한 백 리 길 밤을 지새우며 걸어 보았는가?
-「1973, 첫겨울에」부분

지금도 징병제를 채택하고 있는 한국에서조차 그 시절의 이야기로 희미해졌지만, 시인은 혹독했던 '1973, 첫 겨울'을 아직도 기억한다. 사계절의 계절은 해마다 '첫'이다, 여기의 '첫 겨울'은 '피교육생'(「빵과 허기」)으로서 맞았기에 남달랐을 것이다. '보았는가?'라는 질문에 필자는 고민할 필요 없이 대답할 수 있기에 오히려 의문문의 진의를 쉽게 파악할 수 있다. 시인은 자기 역할을 하기 위해, 즉 "그 이름은/포병 하사/여섯삼번 이도신."(「63번」)이 되기 위해 무던한 시간을 견뎌야 했다. 자랑할 수 없는 자기희생이다.

3국의 3671이 우리 집 전화번호일 때는
이웃 사람들의 발걸음이 잦았지만
이제 대문간에 인적이 끊어진 지 오래다.
온 세상이 그 위력 앞에 무릎을 꿇고
한 가정 한 대에서
한 사람이 한 대씩으로
남녀노소 모두의 필수품으로 자리매김했다.

몇 통화만 하고 나면
목이 쉬고 진땀 흘리던 일이 어젠 것 같은데
모기도 서러워할 소리에도
모두가 반응하는 예민한 시대에 산다.
전화 없으면 못 살아,
살았다 해도 죽은 것처럼 취급되는 세상.
-「전화」부분

간추려 이해해도 이 작품에는 '전화'라는 통신 수단의 기계적 물성을 초월하는 사회적, 심리적 내용이 들어 있다. 지표를 동원하자면 끝이 없다, 한국의 경제적 성장, 국제적 위상 제고 같은 내용에 현대 문명의 비약적 발전과 인간 소외 같은 문제도 생각하지 않을 수 없다. 제쳐두고 내용 그대로 이 시집이 한 시대를 살아낸, 그리고 기록하고 해석한 시인의 육성이 담겨 있다는 것만 인정해도 충분할 것이다.

어머님의 주름살을 더해 주던 모퉁이길 돌아
메아리 따라 외진 길로 들어선다.

거뭇해진 지붕
뒤틀린 용마루 아래 한 가닥 새는 레몬색 불빛

떠오는 여인들의 얼굴
태양과 어스름의 환희를 안고 돌아간다.
어린 날로
 -「지루한 망명에서」 부분

굳이 정신분석에 의지하지 않아도 '어린 날'은 나와 가족과 학교와 사회와 세계가 어렴풋이나마 제자리에서 잘 돌아가고 있었던 것 같은 시절이다. 그 시절엔 "왜 혼났는지 묻지도 않고/
사랑으로 다 받아주던 할머니"(「피난처」)도 있었다. 하지만 우리 몸은 '요람에서 무덤으로' 활기차게 썩어가는 정거장과 같아서 '지루한 망명'은 허망한 빈손, 상실의 자기 확인으로 끝나버리는 게 대부분이다. 하지만, 이도신 시인은 염려가 없다. "이제사 철이 들어/내 마음 주인 자리 내려놓고/온전히 주께 드려/주와 함께 영원히 동행하리."(「주님 곁에 가까이」) 늘 기도하기 때문이다. 산길에 산이 짝이 되어 주었듯, 인생길에는 항상 주님이 짝이 되어 주신다.

3.
아우슈비츠 생존자로 강제 수용소에서 겪었던 경험을 바탕으로 '로고 테라피(Logo therapy)'라는 의미 치료법을 개발한 오스트리아 정신과 의사이자 신경학자, 빅터 프랭클은 그의 대표작 『죽음의 수용소에서(Man's Search for Meaning)』에서 인간이 삶의 의미를 찾는 것이 고통을 극복하는 가장 강력한 동기임을 보여주었다.

"인간에게 모든 것을 빼앗아갈 수 있지만, 단 한 가지는 빼앗아갈 수 없다. 그것은 마지막 인간의 자유, 즉 어떤 상황에서도 자신의 태도를 선택하고, 자신의 길을 선택하는 자유이다. (Everything can be taken from a man but one thing: the last of the human freedoms—to choose one's attitude in any given set of circumstances, to choose one's own way.)"

이도신 시인의 이 시집에는 인생의 의미를 추구하는

세 가지 요건, 즉 일과 사랑, 그리고 고통 속에서 발휘한 도전하는 용기가 다 담겨 있다. 남겨진 몫은 독자가 유추하고 상상하며 작품을 자기 기억과 상상에 겹쳐 읽어내는 것뿐이다.

예전에는
내가 편해야 행복했는데
언제부터인가
당신이 행복해하는 모습을 보는 것이
진정한 나의 행복이 되었다.

그런 모습을
그런 반응을
볼 때마다 느낄 때마다
마음속 깊이 자리한 내면의 사랑이 터져 나와
웃으며 즐거워하고 행복해한다.
누가 배달해 주었는지 모르는
이 선물을 나는 부둥켜안고
오늘도 행복의 들판에서 뒹굴고 있다.

멀리서 희미하게 들려 오는
정말요,
넘 행복하다요,

행복 수레바퀴 소리가 순간마다 나를 감싼다.
이것이 요즈음에
내가 찾은 인생길 행복이다.
-「인생길에서 행복」 전문

이도신 시인의 신앙에의 헌신과 문학에의 열정이 또, 어떤 운명의 '비단'을 펼쳐 보일지는 알 수 없다. 하지만 앞에 인용한 시로 유추할 때, 시인이 짠 직물이 무명 삼베라 할지라도 세상 어떤 비단보다 귀하다 믿어 의심치 않는다. 이 세상, 신앙만큼 시도 지키기 어려운 것이기에.